2018/2019
中国城市状况报告

全球行动与中国实践：
共创人类美好未来

国际欧亚科学院中国科学中心
中国市长协会
中国城市规划学会
编著

中国建筑工业出版社

审图号：GS（2019）6029号
图书在版编目（CIP）数据

中国城市状况报告. 2018/2019：全球行动与中国实践：共创人类美好未来 / 国际欧亚科学院中国科学中心，中国市长协会，中国城市规划学会编著. —北京：中国建筑工业出版社，2019.10
ISBN 978-7-112-24332-7

Ⅰ.①中… Ⅱ.①国…②中…③中… Ⅲ.①城市建设—研究报告—中国—2018-2019 Ⅳ.① F299.2

中国版本图书馆CIP数据核字（2019）第214969号

书籍设计：付金红　李永晶
责任编辑：杨　虹　尤凯曦　牟琳琳
责任校对：赵　菲

中国城市状况报告　2018/2019
全球行动与中国实践：共创人类美好未来
国际欧亚科学院中国科学中心
中国市长协会　　　　　　　编著
中国城市规划学会
*
中国建筑工业出版社出版、发行（北京海淀三里河路9号）
各地新华书店、建筑书店经销
北京雅盈中佳图文设计公司制版
北京雅昌艺术印刷有限公司印刷
*
开本：880×1230毫米　1/16　印张：$10\frac{1}{4}$　字数：249千字
2019年12月第一版　2019年12月第一次印刷
定价：98.00元
ISBN 978-7-112-24332-7
（34826）

版权所有　翻印必究
如有印装质量问题，可寄本社退换
（邮政编码100037）

国际欧亚科学院中国科学中心

中国市长协会

中国城市规划学会

编著

致 谢

感谢中国建筑工业出版社及责任编辑、报告的翻译机构及校对专家等的努力工作。感谢清华大学建筑学院、中国城市规划设计研究院以及住房和城乡建设部相关部门对报告编写的支持。

主　编
汪光焘　　　国际欧亚科学院中国科学中心副主席

名誉主编
黄　艳　　　中华人民共和国住房和城乡建设部副部长

执行主编
毛其智　　　国际欧亚科学院院士，清华大学建筑学院教授
邵益生　　　国际欧亚科学院院士，中国城市规划设计研究院研究员
石　楠　　　中国城市规划学会常务副理事长兼秘书长、教授级高工

协调人
刘洪海　　　国际欧亚科学院中国科学中心秘书长
王长远　　　中国市长协会秘书长
曲长虹　　　中国城市规划学会副秘书长、高工
杨　榕　　　联合国人类住区计划署区域事务顾问
张振山　　　联合国人居署中国项目主任

编写组
毛其智　　　国际欧亚科学院院士，清华大学建筑学院教授
邵益生　　　国际欧亚科学院院士，中国城市规划设计研究院研究员
石　楠　　　中国城市规划学会常务副理事长兼秘书长、教授级高工
尹　稚　　　中国城市规划学会副理事长，清华大学中国新型城镇化研究院执行副院长、教授
林　坚　　　北京大学城市与环境学院城市与区域规划系主任、教授
张　泉　　　中国城市规划学会副理事长、研究员级高工
施卫良　　　中国城市规划学会副理事长，北京市城市规划设计研究院院长、教授级高工
张尚武　　　中国城市规划学会理事，同济大学建筑与城市规划学院副院长、教授
曲长虹　　　中国城市规划学会副秘书长、高工
卢庆强　　　北京清华同衡规划设计研究院副总规划师、总体规划研究中心主任、高工
刘诗毅　　　北京大学城市与环境学院博士后
张志果　　　中国城市规划设计研究院水务院副院长、副研究员
叶兴平　　　江苏省城镇化和城乡规划研究中心副总工程师、研究员级高工
石晓冬　　　北京市城市规划设计研究院院长、教授级高工
奚　慧　　　上海同济城市规划设计研究院有限公司乡村规划与建设研究中心主任研究员、高工
张国彪　　　中国城市规划学会高级城市规划师

序

汪光焘

国际欧亚科学院中国科学中心副主席
第十一届全国人大常委、环境与资源委员会主任委员
原中华人民共和国建设部部长

城市是人类共同的家园，城市的美好明天需要我们共同创造。

从 2018 年到 2019 年，以纪念改革开放四十周年和庆祝中华人民共和国 70 周年华诞为时间节点回顾历史，中国人民用几十年时间走过了发达国家历经几百年的工业化、城镇化道路，创造出举世瞩目的中国奇迹。

从 2018 年到 2019 年，中国的国内生产总值总量从突破 90 万亿元到接近 100 万亿元人民币，人均将迈上 1 万美元的新台阶。城镇调查失业率稳定在 5% 左右的较低水平。全国又有千万以上农村贫困人口摆脱贫困。城乡公共服务设施和惠民利民事业加快发展，人居环境和居民生活水平不断有新的提高。

中国经济发展的空间结构正在发生深刻变化。以北京、天津为中心引领京津冀城市群发展，扎实推进雄安新区建设，带动环渤海地区协同发展。以上海为中心引领长三角城市群发展，以共抓大保护、不搞大开发为导向，依托长江黄金水道，生态优先，推动长江上中下游地区协调发展和沿江地区高质量发展。以香港、澳门、广州、深圳为中心引领粤港澳大湾区建设，带动珠江-西江经济带创新绿色发展。以重庆、成都、武汉、郑州、西安等为中心，引领成渝、长江中游、中原、关中平原等城市群发展，推动黄河流域生态保护和高质量发展。各中心城市和城市群的综合承载能力不断提高，超大城市、特大城市等人口经济密集地区功能有序疏解、"大城市病"有效治理的开发模式持续优化。以"一带一路"建设助推沿海、内陆、沿边地区协同开放，以国际经济合作走廊为主骨架加强重大基础设施互联互通，构建统筹国内国际、协调国内东中西和南北方的区域发展新格局。

中国的城镇化正处在一个十分关键阶段，城镇化水平已经超过 60%，中国社会主要矛盾转化为人民日益增长的美好生活需要和不平衡不充分发展之间的矛盾。中国特色社会主义进入了新时代。国家在稳定解决十四亿人的温饱问题，总体上实现小康后，将全面建成小康社会。人民追求美好生活的需要日益广泛，不仅对物质文化生活提出了更高要求，而且在民主、法治、公平、正义、安全、环境等方面的要求日益增长，这是国家发展新的历史方位，许多问题需要在实践中积极探索。"以人为本的新型城镇化"将是重要的发展方向。

由国际欧亚科学院中国科学中心、中国市长协会和中国城市规划学会合作编写的《中国城市状况报告》，每期包括中、英文各一卷，已连续发布五期，在国内外产生重要影响。《中国城市状况报告 2018/2019》以"全球行动与中国实践：共创人类美好未来"为主题，与2020年将在阿拉伯联合酋长国阿布扎比举办的联合国第十届世界城市论坛的"城市机遇：连接文化与创新"主题相呼应，体现了对人文关怀和创新发展的共同关注。希望国际社会携手努力，共同应对全球城市化进程中面临的挑战，科学规划城乡发展蓝图，各国人民互相交流，互相借鉴，探索符合各自特点的城市可持续发展之路。

希望《中国城市状况报告 2018/2019》的出版发行，能有助于国际社会客观、全面地了解中国的城镇化进程。坚持城市工作要把创造优良人居环境作为中心目标，努力把城市建设成为人与人、人与自然和谐共处的美丽家园，对于促进全球的城市可持续发展不断做出应有的贡献。

2020 年 1 月

摘 要

石楠
中国城市规划学会常务副理事长兼秘书长、教授级高工

"转型"一词也许是对当下中国城市最合适的描述：这个世界上人口最多的国家正在走进"城市时代"。中国的常住人口城市化率从 1978 年改革开放之初的 17.9% 增长到了 2019 年的 60.6%[①]，超过一半的人口已成为城市人口。在这场涉及数以亿计人口空间位移、社会结构更迭、城乡人居环境更新的巨变中，中国在保证了 40 年经济快速增长的同时，实现了 7.4 亿人口摆脱贫困[②]，这些卓越的成就，没有任何一个国家能以同样的速度或规模完成。在应对城镇化共性挑战方面，中国城市采用了诸多创新的探索和尝试，《中国城市状况报告 2018/2019》（下称《报告》）选择"全球行动与中国实践"作为主题，其重要性前所未有。

超大规模的高速城镇化，繁荣了中国的经济，引发了城市的转型，也带来了前所未有的挑战。近几年，中国的水环境、土壤环境、大气环境等污染防治，进城务工人员保障，历史文化传承，房价高企等话题受到社会广泛关注，中国最高层政府也对此给予了积极回应。在 2017 年中共第十九次全国代表大会报告中提出，中国新时期的主要矛盾已经转化为发展不平衡不充分的矛盾，中国将更加注重发展均衡和发展公平问题，并将采取防范化解重大风险、精准脱贫、污染防治等一系列的具体行动，应对当下的各项挑战。

随后，中国于 2018 年进行了大刀阔斧的机构改革，并在 2018 至 2019 两年内密集颁布了一系列重要政策，对空间规划体系做出了重大调整。旨在通过规划改革寻求经济发展与资源消费平衡的发展模式，转变中国既有发展路径。规划是中国城市发展的龙头，中国的规划理念与实践始终与时俱进，保障了城市数十年的稳定发展——中国不但没有出现严重的城市问题和大面积的城市衰退，城市居民的生活品质仍在不断提高。可以预见，在未来，中国的规划将更加注重区域平衡、城乡平衡、空间平衡，让全体公民享受同等的公共服务、同样的生活质量，体面而有尊严地生活，满足人民对生活品质提升追求。中国的

---

① 数据来源：《新中国成立 70 周年经济社会发展成就系列报告之十七》，国家统计局。
② 数据来源：《扶贫开发成就举世瞩目 脱贫攻坚取得决定性进展》，国家统计局。

种种做法，将在本书中体现，我们也十分愿意以开放的姿态与世界分享和交流。

《报告》的筹备恰逢全球实施《新城市议程》的起始年。因此，《报告》特别强调全球视野，分析全球城市面临的共性挑战，积极融入国际语境，讲述中国在这些方面的实践探索。《报告》共分为六章，先后为中国城镇化进程、空间规划与城市治理、城市基础设施、生态文明与城市环境、人文城市、乡村振兴与乡村人居环境。

《报告》开篇介绍了中国城市未来发展的顶层设计——生态文明体制改革总体方案，客观描述了中国城镇化水平、质量和空间格局等基本面情况，梳理了中国在土地制度、住房保障制度、人口政策和户籍制度、城市投融资体制、公共服务等领域持续深化改革的各类举措，并在第二章中重点介绍了中国空间规划与城市治理的重大转型。为读者全景式展示了中国城市发展的基本情况。在城市基础设施建设方面，《报告》对城市交通系统、水系统、能源系统和环卫系统等情况进行了阐述。在城市环境建设方面，《报告》介绍了中国在大气、水、土壤等多个领域的环境治理情况。在城市文化方面，《报告》介绍了中国在历史文化传承、以人为本的城市设计、工业遗产保护等方面的实践。《报告》的最后，五个部分介绍了中国乡村振兴与乡村人居环境，包括乡村振兴战略、农村人居环境改善、脱贫攻坚工作、小城镇建设和特色小镇。

值得一提的是，在《报告》的每个章节最后，我们选取了近几年最具代表性的中国实践案例，类型多样、内容丰富、特色突出，极具参考价值。《报告》的附录是近两年中国公布的工业遗产保护名录，以及中国所有 297 个地级市的基础数据，包括土地、人口、建成区面积、经济指标、城市建设相关指标等，是最权威的中国城市发展数据库之一。

本《报告》通过大量的数据和案例，刻画了中国城市发展的方方面面，从政策指引到项目落实、从城乡困境到改善手段、从国际接轨到地方实践，旨在增进读者对中国城市的理解，提升我们的共识，为让全球城市变得更加宜居、更加可持续，贡献出中国城市应有的力量。

目 录

第一章 中国城镇化进程

1.1　城镇化顶层设计　/ 003

1.1.1　习近平新时代中国特色社会主义
思想成为中国城市发展指南　/ 003

1.1.2　生态文明体制改革总体方案成为
中国城市发展的顶层设计　/ 003

1.1.3　坚持新型城镇化与乡村振兴同等重要　/ 004

1.2　城镇化水平与质量　/ 004

1.2.1　城镇化率达到中等收入国家平均水平　/ 004

1.2.2　城乡居民生活质量和水平显著提升　/ 005

1.2.3　人性化转型提升城市宜居水平　/ 005

1.3　城镇化总体格局　/ 007

1.3.1　中国城市在世界城市体系中的
影响力持续上升　/ 007

1.3.2　三大城市群引领，区域协同深度推进　/ 007

1.3.3　都市圈成为中国城镇化提质升级的新抓手　/ 011

1.4　城镇化发展方式　/ 012

1.4.1　二三产业发展吸纳人口就业，
产城融合发展深入推进　/ 012

1.4.2　创新创业促进就业增长，
对外开放提升发展动能　/ 012

1.4.3　绿色发展探索不断深入，
绿色生产生活方式逐步推广　/ 013

1.5　城镇化配套制度改革　/ 016

1.5.1　全面实施居住证制度，推动流动人口
在城镇落户　/ 016

1.5.2　深化农村"三块地"改革，赋予农民
更多财产权利　/ 016

1.5.3　完善住房保障体系，满足中低收入
家庭住房需求　/ 017

第二章 空间规划与城市治理

2.1 空间规划改革历程 / 021

2.1.1 改革的原因：空间治理破碎化 / 021

2.1.2 改革的探索："多规合一"实践 / 022

2.1.3 改革的方向：统一用途管制 / 022

2.2 国土空间规划体系 / 023

2.2.1 国土空间规划体系的总体框架 / 023

2.2.2 国土空间规划体系的建设目标 / 023

2.2.3 国土空间规划体系的治理改进 / 023

2.3 城市治理 / 024

2.3.1 城市治理的公众参与 / 024

2.3.2 基层社区治理 / 025

2.3.3 智慧城市治理 / 026

2.4 中国实践：城镇低效用地再开发 / 029

2.4.1 城镇低效用地再开发的概念 / 029

2.4.2 城镇低效用地再开发的成效 / 029

2.4.3 城镇低效用地再开发的模式 / 031

第三章　城市基础设施

3.1　国家相关规划与政策　/ 035

3.1.1　市政基础设施综合规划　/ 035

3.1.2　污水处理及再生水利用设施规划　/ 035

3.1.3　环卫设施规划　/ 036

3.1.4　交通设施规划　/ 036

3.1.5　通信设施规划　/ 037

3.1.6　老旧小区改造　/ 037

3.2　城市交通系统　/ 037

3.2.1　区域交通　/ 037

3.2.2　公共交通　/ 039

3.2.3　共享交通　/ 040

3.2.4　新能源交通　/ 040

3.3　城市水系统　/ 041

3.3.1　供水安全保障　/ 041

3.3.2　污水收集处理　/ 042

3.3.3　排水防涝　/ 043

3.4　城市能源系统　/ 043

3.4.1　供热　/ 043

3.4.2　燃气　/ 044

3.5　城市环卫系统　/ 045

3.5.1　生活垃圾处理设施　/ 045

3.5.2　生活垃圾分类试点　/ 046

3.6　城市通信系统　/ 047

3.6.1　总体情况　/ 047

3.6.2　提速降费　/ 047

3.6.3　5G 技术　/ 048

3.7　中国实践：智慧城市　/ 048

3.7.1　国家智慧城市试点计划　/ 048

3.7.2　地方实践案例　/ 049

第四章　生态文明与城市环境

4.1　生态文明建设　/ 053	4.3.1　水环境质量总体状况　/ 061
4.1.1　改革开放四十年的生态文明建设发展历程　/ 053	4.3.2　重大水污染事故与污染控制处理　/ 063
4.1.2　生态文明新时代特征：十九大报告、绿水青山就是金山银山理念　/ 054	4.3.3　水环境管制——国家"水十条"目标要求、河长制落地　/ 063
4.1.3　生态环境改善与管理：国家公园体制、全国环保督察　/ 054	4.3.4　城市水生态环境建设　/ 064
	4.4　土壤环境质量整治　/ 065
4.1.4　生态安全：生物多样性、植被保护　/ 058	4.4.1　土壤环境质量总体状况　/ 065
4.1.5　资源安全：资源保护、能源利用　/ 059	4.4.2　土壤污染事故与污染控制处理　/ 065
4.2　大气环境质量优化　/ 060	4.4.3　土壤环境改善——国家"土十条"目标要求　/ 066
4.2.1　大气环境总体状况　/ 060	
4.2.2　雾霾分布与特征　/ 061	4.5　中国方案：城市双修　/ 066
4.2.3　雾霾治理——国家"大气十条"执行情况、蓝天保卫战　/ 061	4.5.1　地方实践　/ 066
	4.5.2　绿色生态城区　/ 068
4.3　水环境质量优化　/ 061	

第五章　人文城市

5.1　植根历史的文化传承　/ 073

5.1.1　整体保护，传承文明　/ 073

5.1.2　古今辉映，延续文脉　/ 076

5.2　以人为本的公共空间　/ 079

5.2.1　街道空间的综合治理　/ 079

5.2.2　滨水空间的贯通开放　/ 080

5.2.3　面向特定人群的空间营造　/ 081

5.2.4　闲置空间的活化利用　/ 084

5.3　中国方案：工业遗产保护与再利用　/ 086

5.3.1　国家办法与名录出台：中国工业遗产保护名录（第一批、第二批）　/ 086

5.3.2　地方实践：北京首钢工业遗产的整体保护与更新　/ 087

5.3.3　地方实践：景德镇近现代陶瓷工业遗产综合保护开发　/ 088

5.3.4　地方实践：上海上生·新所的再开放利用　/ 090

第六章　乡村振兴与扶贫攻坚

6.1	乡村振兴战略　/ 095	6.3.3	保护乡村历史文化遗产　/ 107
6.1.1	乡村振兴战略与实施路径　/ 095	6.4	小城镇建设与特色化发展　/ 110
6.1.2	政策推动促进城乡融合发展　/ 096	6.4.1	小城镇发展历程及作用　/ 110
6.1.3	规划引领乡村振兴发展　/ 096	6.4.2	小城镇的特色化发展　/ 111
6.2	脱贫攻坚　/ 099	6.5	中国乡村实践　/ 114
6.2.1	从区域开发扶贫到精准扶贫　/ 099	6.5.1	美丽乡村：人居环境改善的地方实践　/ 114
6.2.2	国家脱贫攻坚计划　/ 100	6.5.2	产业振兴：乡村产业综合发展的新实践　/ 116
6.2.3	精准扶贫　/ 101	6.5.3	文化保护：社会力量介入乡村遗产保护的实践　/ 118
6.3	改善农村人居环境　/ 104		
6.3.1	改善农村住房条件　/ 104	6.5.4	共同缔造：乡村治理与建设　/ 120
6.3.2	提升农村基础设施水平　/ 104		

附录 1　中国工业遗产保护名录　/ 122

附录 2　中国 297 个地级及以上城市基本数据（2016 年）　/ 129
　　　　　关于中国 297 个地级及以上城市基本数据（2016 年）的说明　/ 141

第一章

中国城镇化进程

城镇化顶层设计

城镇化水平与质量

城镇化总体格局

城镇化发展方式

城镇化配套制度改革

>>1

中国城镇化进程

　　中华人民共和国成立 70 年以来，中国推进了人类有史以来最大规模的城镇化进程，深刻改变了世界格局。与此同时，快速城镇化积累了不少突出矛盾和问题，自 2013 年城镇化率超过世界平均水平之后，中国城镇化进入了调整转型时期。

　　为应对城镇化挑战，中国遵循国际社会倡导的可持续发展理念和目标，将生态文明思想作为城乡发展的指导思想和行动指南，进一步强化以人民为中心的执政理念，树立了创新、协调、绿色、开放、共享新发展理念，转变城市发展方式，优化城镇化总体格局，坚持乡村振兴和城镇化双轮驱动，重构国土空间治理体系。

　　在此过程中，中国积极探索城镇化与产业发展互相促进、绿色城镇化发展模式、创新开放平台融入全球城市网络、城乡融合发展等重点任务和主题，"绿色、开放、创新、融合、人文关怀、高质量"成为中国城镇化新的关键词。

　　在尊重城镇化发展规律的同时，中国政府秉承"勇于担当、改革创新"的执政风格，针对现实问题和制度瓶颈，对城镇化配套制度改革和地方试点实践进行了深度探索。

　　中国城镇化的实践和探索，仍将是世界城镇化进程的重要组成部分，也将会为世界继续贡献中国智慧和中国方案。

1.1 城镇化顶层设计

1.1.1 习近平新时代中国特色社会主义思想成为中国城市发展指南

习近平新时代中国特色社会主义思想提出按照"五位一体"总体布局,推进国家治理体系和治理能力现代化,到本世纪中叶建成富强民主文明和谐美丽的社会主义现代化强国,为中国城镇化发展指明了方向。

新时代中国社会主要矛盾,是人民日益增长的美好生活需要和不平衡不充分的发展之间的矛盾,必须坚持以人民为中心的发展思想,不断促进人的全面发展、全体人民共同富裕。中国经济由高速增长阶段转向高质量发展阶段,践行创新、协调、绿色、开放、共享五大新发展理念引领城市发展。

1.1.2 生态文明体制改革总体方案成为中国城市发展的顶层设计

生态文明建设是关系中华民族永续发展的根本大计,要坚持人与自然和谐共生的基本方针,绿水青山就是金山银山的发展理念,良好生态环境是最普惠的民生福祉的宗旨精神,山水林田湖草是生命共同体的系统思想。

专栏1-1 中国节能减排成效显著,提前三年完成2020年减排目标

近年来,中国节能减排和应对气候变化的努力和成效令人瞩目,对全球应对气候变化起到了重要的推动作用。在2009年哥本哈根气候大会上,中国提出到2020年单位GDP(国内生产总值)的二氧化碳排放比2005年下降40%—45%。到2017年年底,中国已经提前三年超额完成这一目标,单位GDP二氧化碳排放比2005年下降了46%。第七十三届联合国大会主席埃斯皮诺萨(Maria Fernanda Espinosa)认为中国的做法对很多国家都有启发意义,增强了人们对节能减排、控制气候变化的信心。资料显示,中国非化石能源消费比重逐步提高,可再生能源电力装机总量占全球的30%,新增森林蓄积量已提前完成2030年目标,电动汽车拥有量占世界总量的一半。《"十三五"以来中国企业节能减排状况调查报告》显示,近九成企业每年均能完成节能减排年度目标。中国的经济发展正从高污染、高碳排放、高投入、低效率的阶段进入绿色、低碳、高质量的可持续发展阶段。

志愿者通过骑行的方式,倡议民众节能减排、低碳环保的生活方式(韩苏原 摄)
(资料来源:中国新闻图片网)

中国一直致力于保护生态环境和生态系统，实现可持续发展。目前，中国全面建立了由自然资源资产产权制度、国土空间开发保护制度等八项制度构成的生态文明制度体系。《2030年可持续发展议程》倡导采取紧急行动应对气候变化及其影响。近年来，中国逐步建立资源总量管理和全面节约制度，在《巴黎协定》框架指导下持续推动全社会节能减排，提前三年完成了2020年减排目标。中国组建自然资源部，作为自然资源资产管理主体，行使自然资源保护和开发利用监管职责。

1.1.3　坚持新型城镇化与乡村振兴同等重要

《2030年可持续发展议程》倡导消除贫困、饥饿、实现粮食安全和发展可持续农业，中国一直高度重视"三农"问题。近年，在推进新型城镇化的基础上，中国大力实施乡村振兴战略，坚持农业农村优先发展，按照产业兴旺、生态宜居、乡风文明、治理有效、生活富裕的总要求，建立健全城乡融合发展体制机制和政策体系，加快推进农业农村现代化。《关于实施乡村振兴战略的意见》和《乡村振兴战略规划（2018—2022年）》的出台，为乡村振兴谋划了蓝图和实施路径。

1.2　城镇化水平与质量

中国一直致力于为所有人提供包容公平的教育、医疗服务，提升基础设施水平和改善生态环境质量，实现可持续发展。近年来，中国城镇化水平和质量都有明显提升，居民收入稳步增长，城镇基本公共服务和基础设施水平、生态环境和能源利用效率都在不断改善。

1.2.1　城镇化率达到中等收入国家平均水平

据联合国统计数据显示，1950—2018年，世界城镇总人口增加了34.7亿。中国城镇人口从1950年的0.65亿，增加到2018年的8.37亿，增加了7.7亿，这个增量占世界比重超过1/5。

1950—2018年，世界城镇化率每年提升0.38个百分点，中国以平均每年0.7个百分点迅速提升，约为世界平均水平的两倍。特别是1978年改革开放以来，中国城镇化率每年平均提升1个百分点，远超世界平均水平的0.4个百分点。2011年中国城镇化水平突破50%，2013年中国城镇化水平达到53.73%，超越世界平均水平，2017年中国城镇化水平达到58.52%，已达到中等收入国家平均水平。同时，中国城镇居民的生活水平逐年提高，2012—2017年城镇居民人均可支配收入从24565元稳步增加至36396元，增长约50%。中国正在推进人类有史以来最大规模的城市化进程，深刻影响和改变了世界城市化格局。

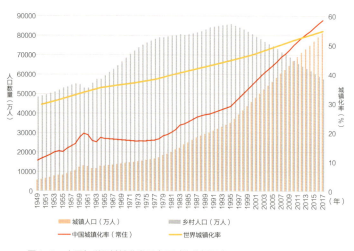

图1-1　中国与世界城镇化发展水平对比分析示意
（资料来源：中国统计年鉴2018）

1.2.2 城乡居民生活质量和水平显著提升

近年来，城乡居民的社会保障、医疗和教育水平均在稳步提升。2016年，全国城镇基本医疗保险参保人数达7.44亿人，占常住人口比重达53.8%。2017年实现了社会保障卡全国一卡通，居民持卡可以在全国享受就医、社保等服务。新型农村合作医疗基本实现全覆盖，切实减轻了农民的医疗负担。2012—2017年全国城市千人卫生技术员从8.54人/千人提升至10.87人/千人。全国劳动年龄人口（15—64岁）平均受教育年限持续增加，截至2017年接近12年的受教育年限，相当于高中学历。城镇常住人口保障性住房覆盖率在2016年达到22.6%，与2012年相比提高了10.1个百分点。

图1-2　2012—2016年中国城镇基本医疗保险参保人数情况
（资料来源：中国统计年鉴）

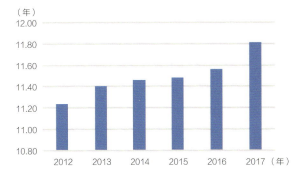

图1-3　2012—2017年全国劳动年龄人口平均受教育年限
（资料来源：中国统计年鉴）

1.2.3 人性化转型提升城市宜居水平

《新城市议程》倡导从社会、经济和环境三个方面通过多元主体互动系统地解决城市问题。近年，中国部分城市瞄准宜居、和谐、充满活力等目标，开启了人性化转型，旨在提升城市宜居水平和发展活力。

北京提出了建设国际一流的和谐宜居之都的发展目标，通过开展"疏解整治促提升"专项行动，加大不符合首都城市功能定位的产业疏解力度，腾退出的空间用于补充居住、公共服务和基础设施，增加生态绿化用地、发展"高精尖"产业，城市环境品质得以改善，城市功能有所提升。

上海提出要建设更富魅力的幸福人文之城，并在国内率先提出15分钟生活圈概念，并发布《上海市15分钟社区生活圈规划导则》和《上海市街道设计导则》，通过完善生活单元来实现新时期城市生活方式、规划实施、社区管理的转型。目前，上海已在多个社区开展了生活圈规划和建设的试点工作，推动上海街道的"人性化"转型。

图1-4　经过整治提升的西总布胡同，居民回归"静胡同、慢生活"
（远舟 摄）
（资料来源：中国新闻图片网）

专栏 1-2　《上海市街道设计导则》（以下简称《导则》）促进街道"人性化"转型

街道是人们感知城市的重要媒介，在已基本告别大兴土木的上海，更加精细化、人性化的街道设计，是提升城市宜居水平的重要方式。《导则》提出，要在理念、技术、评价等方面完成城市规划与设计中"从道路到街道"的转变。通过促进街道与街区融合发展、以慢行优先作为街道设计的原则、以社区微更新的方式重塑城市肌理，打造安全宜人的街道空间，保存城市的历史和气质，激发城市活力。

2019年5月，上海石库门"丰裕里"完成城市街区微更新，焕发新活力（王冈 摄）
（资料来源：中国新闻图片网）

1.3 城镇化总体格局

1.3.1 中国城市在世界城市体系中的影响力持续上升

中国城镇化发展过程中，逐步形成了以城市群为主体形态、以都市圈为核心载体、以中心城市发挥核心作用，大中小城市和小城镇协调发展以及乡村振兴的城镇化格局。

中国人口和经济持续向大城市和城市群地区集中。改革开放之初，中国大陆仅有两个特大城市和16个大城市，到2018年已经有6个超大城市、13个特大城市和105个大城市。中国19个城市群地区占国土面积的20%，集聚了全国70%左右的城镇人口，贡献了76%的GDP。

中国城市在全球城市体系中的地位不断上升，根据全球化与世界城市（GaWC）研究网络公布的全球城市排名，2010年至2018年中国城市上升幅度最大、个数最多，2018年香港、北京、上海、台北、广州、深圳等跻身世界级城市行列。

1.3.2 三大城市群引领，区域协同深度推进

长江经济带、京津冀协同发展、长江三角洲区域一体化、粤港澳大湾区等国家级区域战略顺利实施，有力支撑了城镇化发展。

长江经济带发展战略持续发力。11省市组成的长江经济带地区，以占全国约1/5的土地面积，贡献了全国2/5以上的经济总量。2012—2017年，长江经济带地区生产总值年均增长8.6%，是中国经济发展全局中的重要支撑带。

京津冀协同发展深入有序推进。京津冀协同发展实施五年以来，以疏解北京非首都功能为"牛鼻子"推动京津冀协同发展，并形成"一体两翼"的首都发展新格局，"轨道上的京津冀"逐渐成型。

2017年4月，设立河北雄安新区，是以习近平同志为核心的党中央作出的一项重大历史性战略选择，是千年大计、国家大事。过去两年时间中高起点高标准高水平规划雄安新区，旨在打造贯彻落实新发展理念的创新发展示范区，目前雄安新区进入建设阶段。

自2016年起，北京市按照世界眼光、国际标准、中国特色、高点定位，规划建设城市副中心，与河北雄安新区形成北京新的两翼。2019年1月10日，北京市行政中心正式迁入通州。

长三角城市群区域一体化进程加速。2018年11月，长江三角洲区域一体化发展并上升为国家战略。近年来，长三角地区区域合作平台不断涌现，涵盖投资、科创、公共服务等领域，医疗、教育和社保等领域的制度体系也在加速对接。2018年，长三角异地就医门诊直接结算试点正式实施；长三角"G60科创走廊"9个城市实现"一网通办"。通过办好"一张卡"、共认"一个章"，提供更为便利的公共服务，满足群众更加美好生活的需要[①]。

粤港澳大湾区建设取得重大进展。粤港澳大湾区包括广东珠三角地区的9个城市和香港、澳门两个特别行政区，是中国开放程度最高、经济活力最强的区域之一。内地与香港、澳门分别签署了投资协议和经济技术合作协议，标志内地与港澳经贸交流合作迈入新阶段。大湾区基础设施建设取得重大进展，2018年9月23日，广深港高铁香港段开通运营，从香港可乘高铁直达北京、上海等数十个城市。2018年10月24日，世界上最长的跨海大桥工程——港珠澳大桥正式通车，一桥连三地，天堑变通途。

---

① 何欣荣,屈凌燕,杨绍功,等.追梦"一体化"奔跑再出发——长三角一体化新进展观察[EB/OL].（2019-01-27）[2019-03-06]. http://www.xinhuanet.com/fortune/2019-01/27/c_1124049261.htm.

专栏 1-3　雄安新区规划设计理念

雄安新区是党中央国务院综合部署的北京非首都功能疏解集中承载地,是贯彻落实新发展理念的创新发展示范区,雄安新区将与北京城市副中心形成北京新的两翼,促进京津冀协同发展。根据中央要求和《河北雄安新区总体规划(2018—2035年)》,雄安新区将建设成为绿色生态宜居新城区、创新驱动发展引领区、协调发展示范区、开放发展先行区,要塑造中华风范、淀泊风光、创新风尚的城市风貌。根据规划,雄安新区将有序承接北京非首都功能疏解,优化国土空间开发保护格局,打造优美自然生态环境,推进城乡融合发展,塑造新区风貌特色,打造宜居宜业环境,构建现代综合交通体系,建设绿色低碳之城、国际一流的创新型城市、数字智能之城,确保城市安全运行。雄安市民服务中心是雄安新区成立后启动的第一个城市建筑项目,是新区功能定位和发展理念的率先呈现,主要用于服务市民,为行政及先期入驻新区的企业提供临时办公、生活场所,同时满足新区规划建设成果展示、政务服务、会议接待和未来低碳智慧城市生活体验等功能需要。

无人驾驶微循环电动巴士亮相河北雄安市民服务中心（骆云飞 摄）
（资料来源：中国新闻图片网）

图1-5 2019年5月23日,观众在首届长三角一体化创新成果展上操作飞行模拟器系统(赵强 摄)
(资料来源:中国新闻图片网)

图1-6 2018年10月24日,港珠澳大桥正式通车,大巴车经过青州航道桥附近(张炜 摄)
(资料来源:中国新闻图片网)

专栏1-4　北京市高水平规划建设城市副中心

《北京城市总体规划（2016年—2035年）》提出，要坚持世界眼光、国际标准、中国特色、高点定位，以创造历史、追求艺术的精神，以最先进的理念、最高的标准、最好的质量推进城市副中心规划建设，着力打造国际一流的和谐宜居之都示范区、新型城镇化示范区和京津冀区域协同发展示范区。《北京城市副中心控制性详细规划（街区层面）（2016年—2035年）》提出城市副中心要建设绿色城市、森林城市、海绵城市、智慧城市、人文城市、宜居城市，使城市副中心成为首都的一个新地标。提出要构建"一带、一轴、多组团"的城市空间结构，突出水城共融、蓝绿交织、文化传承的城市特色；塑造京华风范、运河风韵、人文风采、时代风尚的城市风貌；以资源环境承载能力为硬约束，严格控制城市规模，有序承接中心城区功能疏解。城市副中心以行政办公、商务服务、文化旅游为主导功能，形成配套完善的城市综合功能，建设未来没有"城市病"的城区；推动城市副中心与河北省廊坊北三县地区协同发展。

北京通州大运河森林公园里休闲娱乐的市民（祝振强 摄）
（资料来源：中国新闻图片网）

1.3.3 都市圈成为中国城镇化提质升级的新抓手

2019年2月,国家发布《关于培育发展现代化都市圈的指导意见》,要以促进中心城市与周边城市(镇)同城化发展为方向,以创新体制机制为抓手,以推动统一市场建设、基础设施一体高效、公共服务共建共享、产业专业化分工协作、生态环境共保共治、城乡融合发展为重点,培育发展一批现代化都市圈,形成区域竞争新优势,为城市群高质量发展、经济转型升级提供重要支撑。

专栏1-5 南京都市圈建设在多个领域取得突破

近年来,南京都市圈在基础设施、产业合作、生态环境、公共服务等领域均取得突破。在基础设施上,南京禄口机场在都市圈7市均建立异地候机楼,宁滁公交换乘中心投入运营,开通南京至马鞍山、镇江句容、扬州仪征的城际公交,打通居民出行"最后一公里"。产业合作上,南京与扬州共同打造"宁扬绿色新材料产业带",加强产业合作。生态环境上,建立重大活动赛事期间环境事件信息互通和会商机制、环境应急联动和会商机制、环境临时管控和应急机制,实现区域联防联控,空气质量优良率不断提高。公共服务上,实现南京、镇江、扬州、马鞍山四市公交一卡通,扩大公交一卡通使用范围,促进公交、地铁、旅游、医疗等领域互联互通,都市圈主要城市汽车客运实现联网售票[①]。

2019年3月30日,南京都市圈第二届文化人才专场招聘会在南京举行(刘小楚 摄)
(资料来源:中国新闻图片网)

---

① 毛庆. 南京、芜湖等八市将高质量共建国家级都市圈 [N/OL]. 南京日报,2018-12-24[2019-03-06]. http://njrb.njdaily.cn/njrb/html/2018-12/24/content_522986.htm?div=-1.

1.4 城镇化发展方式

1.4.1 二三产业发展吸纳人口就业，产城融合发展深入推进

随着工业和服务业的不断推进，中国就业岗位不断增加，就业规模不断扩大，有利地支撑了城镇化发展。2017年，规模以上私营工业企业22.2万家，吸纳就业人数3271万人。服务业成为解决居民就业的主力军，第三产业就业比重从1978年的12.2%上升至2017年的44.9%。互联网+等现代信息技术迅猛发展，提升了经济运行效率，极大方便和丰富了人民生产生活。

2015年以来，国家相关部门陆续出台了指导国家级新区、开发区、产城融合示范区健康发展和转型升级的政策意见，各省市层面在国家政策引导下，也陆续出台了细化政策及实施策略，有力地促进了产城融合发展。

1.4.2 创新创业促进就业增长，对外开放提升发展动能

《2030年可持续发展议程》倡导通过技术创新提高生产力水平，倡导制定鼓励创业和刺激就业的相关政策。中国高度重视创新发展和创业就业工作，自"大众创业、万众创新"浪潮兴起以来，社会创新活力得到激发，就业规模得以扩大。2016年以来，中国先后两批在区域、高校和科研院所、企业三个领域启动了120个"双创"示范基地建设。2018年，全国新登记企业670万户，全年日均新设企业1.8万

专栏1-6 昆山开发区产城融合发展成效显著

昆山开发区面积115平方千米，城镇化率达90%以上，累计51个国家和地区的2360多家外资企业，投资总额396亿美元。近年来，在产业大发展的同时，产城融合发展推动着昆山开发区"全新一跃"。在城市建设方面，推进建设青阳港滨水城市中心、朝阳路沿线地块为代表的城市更新改造及高铁南站城市门户功能片区。在教育投入方面，每年用于教育支出超7亿元，新建扩建学校，引进名师、名校长，提升教育质量，一批批外来务工者在这里落户扎根，他们的子女在公办学校入学占比达到73%。在社会保障方面，大力提高社会保障水平，完善养老、医疗、失业、工伤、生育五项保险等重要的基本保障体系，坚持13年发放小额贷款助力农民创业，累计发放金额3.5亿元，扶持创业者2000多名。在生态建设方面，建成区绿地覆盖率超42%，先后建设了30千米滨河绿色廊道、近1000亩的体育公园和近800亩的湿地公园[①]。

---

① 引力播. 位列国家级开发区第五 解码昆山开发区的"攀高之路"[EB/OL]. （2019-01-15）[2019-07-18]. http://isuzhou.me/2019/0115/2390912.shtml.

图1-7 在2019年全国双创活动周上，氢能发动机吸引参观者（王刚 摄）
（资料来源：中国新闻图片网）

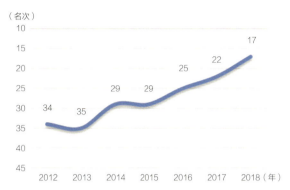

图1-8 2012—2018年全球创新指数（GII）中国近年排名情况
（资料来源：2018年全球创新指数（GII）报告）

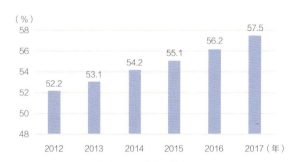

图1-9 2012—2017年中国科技进步贡献率
（资料来源：中国科技统计年鉴）

户，同比分别增长10.3%和8.43%，市场主体数量突破1亿大关，全国城镇新增就业1361万人。各地将支持创新创业的重点更多转向打造创新资源共享平台，120家"双创"示范基地逐渐成为区域创新高地，众创空间数量超过6900家，科技企业孵化器超过4800家[1]。

经过多年努力，中国科技创新能力与发达国家差距不断缩小，依据2018年全球创新指数（GII）报告，中国GII排名由2012年的34名提升到2018年的17名。科技创新对经济发展的贡献率稳步提升，由2012年的52.2%提升到2017年的57.5%。

建立公平、开放、普惠的全球贸易体系是国际社会所倡导的重要目标，中国顺应全球经贸发展新趋势，更加积极主动对外开放，通过建设自由贸易试验区和举办进口博览会等举措为世界贡献中国力量。2018年，随着海南自贸试验区开启"全域性"探索，中国自贸试验区数量达到12个，自贸试验区在促进中国

和世界贸易发展方面起到了重要示范引领作用，取得积极成效。2018年11月5日至10日首届中国国际进口博览会在上海举行，该博览会是世界上第一个以进口为主题的国家级展会，是国际贸易发展史上的重要创举。

1.4.3 绿色发展探索不断深入，绿色生产生活方式逐步推广

绿色发展是指导中国生态文明建设的核心理念，已经成为推进国家新型城镇化发展的重要任务。

绿色交通出行理念逐步推广。国家大力支持公共交通优先发展，优化完善慢行绿色交通体系。2017年，

---

[1] 中华人民共和国国家发展和改革委员会. 国家发展改革委高技术司有关负责人就"2019年全国大众创业万众创新活动周"有关情况答记者问[EB/OL].（2019-05-27）[2019-07-09]. http://www.ndrc.gov.cn/gzdt/201905/t20190527_936855.html.

专栏 1-7　上海进口博览会开创共享未来新时代

首届中国国际进口博览会以"新时代，共享未来"为主题，是中国推动建设开放型世界经济、支持经济全球化的实际行动，共吸引172个国家、地区和国际组织参会，3600多家企业参展，超过40万名境内外采购商到会洽谈采购，展览总面积达30万平方米，成交额达578亿美元。进口博览会达成丰硕成果的背后，是全球企业对中国13亿多人口大市场、对中国进一步扩大开放前景的看好。日前，36家世界500强和行业龙头企业集体签约参展2019年第二届中国国际进口博览会。

在首届中国国际进口博览会上，参观者参观大型工程机械参展商（CAT）展台（杜洋 摄）
（资料来源：中国新闻图片网）

图1-10 北京开通首条自行车专用道服务沿线1.16万通勤人口（贾天勇 摄）
（资料来源：中国新闻图片网）

中国城市公共交通全年完成客运量1273.4亿人次，公交专用车道达1.1万千米，城市公共汽（电）车运营线路达到5.7万条。近年来，国家和各地积极推动建设安全便捷、舒适优美的步行道、自行车道等慢行系统，鼓励绿色交通出行。厦门、北京等多个城市建设了自行车专用道，改善区域绿色出行环境。共享单车快速兴起，便利市民"最后一公里"出行。

推动绿色生产生活方式转型。国家各类循环经济计划和试点工作全面推开，共确定了49个国家"城市矿产"示范基地、100个园区循环化改造示范试点、100个餐厨废弃物资源化利用和无害化处理试点城市、101个国家循环经济示范城市（县）、28个国家循环经济教育示范基地。国家相继出台鼓励绿色消费的政策文件，制定了更加严格的绿色消费标准和管理措施[1]。中国大力推动发展绿色建筑，截至2016年底，全国累计有7235个项目获得绿色建筑评价标识，建筑面积超过8亿平方米。

---

[1] 国家发展和改革委员会.国家新型城镇化报告2016[M].北京：中国计划出版社，2017.

1.5 城镇化配套制度改革

1.5.1 全面实施居住证制度，推动流动人口在城镇落户

中国积极推动户籍制度改革，进一步拓宽落户通道，全面放开放宽重点群体落户限制，推行居住证制度，取得了显著成效。2012年以来，中国累计推进了八千多万农业转移人口成为城镇居民。农民工随迁子女80%以上都在公办学校求学，农民工职业技能培训已经超过2000万人次。

1.5.2 深化农村"三块地"改革，赋予农民更多财产权利

近年，中国稳步推进农村集体产权制度改革，开展农村土地征收、农村集体经营性建设用地入市以及农村宅基地制度改革试点，推进农村土地所有权、承包权、经营权三权分置，赋予农民更多财产权利。截至2018年，33个试点县（市、区）已按新办法实施征地1275宗、18万亩；集体经营性建设用地已入市地块1万余宗，面积9万余亩，总价款约257亿元，收取调节金28.6亿元，办理集体经营性建设用地抵

专栏1-8 随迁子女入学"零门槛"无障碍

辽宁省锦州市古塔区8所中、小学3月1日正式开学。各学校加快建立以居住证为主要依据的随迁子女入学政策，实事求是找准民意的最大"公约数"。上千名随迁子女本学区实现就地入学，随迁子女入学"零门槛"无障碍，受到社会各界欢迎。

开学第一天，家长带着随迁子女到居住证所在地钟屯小学入学就读（李铁成 摄）
（资料来源：中国新闻图片网）

押贷款 228 宗、38.6 亿元；腾退出零星、闲置的宅基地约 14 万户、8.4 万亩，办理农房抵押贷款 5.8 万宗、111 亿元。

1.5.3 完善住房保障体系，满足中低收入家庭住房需求

《2030 年可持续发展议程》倡导确保人人享有安全、廉价的住房，并改造棚户区。近年来，中国高度重视中低收入群体住房保障工作，陆续出台相关政策，加快培育和发展住房租赁市场，进一步规范发展公租房，建立和完善房地产市场平稳健康发展长效机制，加快棚户区改造。2018 年，全国改造棚户区住房 620 多万套。公租房保障能力持续提升，将符合条件的新就业职工、外来务工人员纳入保障范围，对低收入住房困难家庭基本实现应保尽保。

第二章

空间规划与城市治理

空间规划改革历程

国土空间规划体系

城市治理

中国实践：城镇低效用地再开发

>> 2

空间规划与城市治理

　　推进城市规划、土地利用规划等"多规合一"、构建空间规划体系是近年来中国政府的一项重要改革议程。其目的是统一各类规划的空间边界，构建起一个高效的地理信息平台和公共管理平台，以服务于可持续发展。2018年3月，第十三届全国人民代表大会第一次会议通过《国务院机构改革方案》，决定组建自然资源部，要求结束此前多规并列的局面、构建统一的空间规划体系。新的国土空间规划体系以建设美丽中国、实现高质量发展和高品质生活、促进国家治理体系和治理能力现代化为总目标。未来城市规划将作为国土空间规划的一部分而继续发挥其治理效能，国土空间规划也将成为空间治理和城市治理的重要工具。

2.1 空间规划改革历程

2.1.1 改革的原因：空间治理破碎化

在 2018 年机构改革之前，中国形成了一个庞大而复杂的规划体系。其中，最为重要的规划有国家发展改革委主管的国民经济和社会发展规划、住房和城乡建设部主管的城乡规划、国土资源部主管的土地利用规划等综合性规划。此外，还有环境保护部主管的环境保护规划、国家林业局主管的林地保护利用规划等专门性规划。据不完全统计，具有法定依据的各类规划超过 80 种。尽管各类规划的一个共同目标是对空间利用行为进行引导和限制，但各部门都有着各自关注的重点。如城乡规划关注城乡建设管理、土地利用规划关注耕地保护、林地保护利用规划关注林地保护等。各部门在实施规划的过程中实行分头决策、分头许可、分头执法，导致了空间治理的破碎化。空间治理的破碎化带来了两个后果：一是自然资源的保护不力；二是行政决策的流程冗长。2013 年中共十八届三中全会提出建设生态文明和国家治理体系和治理能力现代化的改革目标，使得空间规划的改革势在必行。

专栏 2-1 城市规划与土地利用规划

城市规划与土地利用规划是此前中国最重要的两类法定空间规划。其中，城市规划依据《城市规划法》（2008 年改为《城乡规划法》），由住房和城乡建设部（原建设部）主管，分为城镇体系规划、总体规划、详细规划等不同层次，主要对规划区内的建设活动进行管理。土地利用规划依据《土地管理法》，由原国土资源部主管，分为国家、省、市、县、乡（镇）五级，主要对行政区内的耕地保有量、建设占用耕地量、建设用地总量等进行控制。城市总体规划和土地利用总体规划均需上报上级人民政府审批，重要城市需上报国务院审批。在机构改革以前，

城市与城市外的土地（湖北宜昌）（刘凤君 摄）
（资料来源：中国新闻图片网）

城市内外的土地利用控制分属两个规划和两个部门主管。为了协调一致，北京、上海、广州等大城市都采取了将城市规划部门和土地管理部门合并、协同编制城市规划和土地利用规划的举措。

2.1.2 改革的探索："多规合一"实践

鉴于多规并列所导致的问题，"多规合一"（将多个规划合为一个，进行统一管理）作为一种改进方案，很早就被提出了。"多规合一"的早期探索始于 2003 年国家发展改革部门在广西钦州等地试点的发展规划、城市规划和土地利用规划"三规合一"实践。这一阶段的改革属于单部门策动的尝试，其成效和影响有限。2006 年以后，以上海、广州为代表的大城市结合城市规划和土地利用规划的修编工作，在整合地方规划部门和土地管理部门的基础上，开展了城市规划和土地利用规划"两规合一"实践。这一阶段的改革属于地方为应对空间治理破碎化问题所作出的自发探索，形成了一定的示范效应。2013 年以后，在全面深化改革的背景之下，空间规划改革上升为国家战略，国家在地方层面推动了跨部门的"多规合一"试点。这一阶段的改革属于自上而下的授权行动，试点工作主要包括 28 个市县"多规合一"试点和 9 个省级空间规划（"多规合一"）试点。

2014 年 8 月，国家发展改革委、国土资源部、环境保护部、住房和城乡建设部联合下发《关于开展市县"多规合一"试点工作的通知》，将全国 28 个市县列入空间规划改革试点名单，希望推动经济社会发展规划、城乡规划、土地利用规划、生态环境保护规划"多规合一"，形成一个市县一本规划、一张蓝图。在市县"多规合一"试点的基础上，2017 年 1 月，中共中央办公厅和国务院办公厅印发《省级空间规划试点方案》，将 9 个省份列入空间规划改革试点名单，要求探索划定城镇、农业、生态空间以及生态保护红线、永久基本农田、城镇开发边界，在此基础上统筹各类空间性规划，编制统一的省级空间规划。市县"多规合一"试点和省级空间规划试点在划定生态保护红线、永久基本农田、城镇开发边界等三条控制线，搭建统一的信息平台方面形成了较多共识，为后来的全面改革提供了基础。

2.1.3 改革的方向：统一用途管制

尽管地方政府可能对"多规合一"有着不同的考量，但在中央政府全面深化改革的议程中，空间规划改革一直是与生态文明建设、自然资源监管和国土空间用途管制紧密联系在一起的。2013 年《中共中央关于全面深化改革若干重大问题的决定》在"加快生态文明制度建设"篇章中首先提出：健全自然资源资产产权制度和用途管制制度，建立空间规划体系，落实用途管制；完善自然资源监管体制，统一行使所有国土空间用途管制职责。2015 年《生态文明体制改革总体方案》更是将建立空间规划体系作为生态文明建设的八项基本制度之一，要求编制统一的空间规划、推进市县"多规合一"。2018 年《中共中央关于深化党和国家机构改革的决定》进一步提出要改革自然资源和生态环境管理体制，要求设立国有自然资源资产管理和自然生态监管机构，统一行使所有国土空间用途管制和生态保护修复职责，强化国土空间规划对各专项规划的指导约束作用，推进"多规合一"，实现土地利用规划、城乡规划等有机融合。正是依据最后一份文件，自然资源部得以成立，并承担起"建立空间规划体系并监督实施"的职责。

2018 年 3 月，自然资源部成立，负责将原国土资源部的职责、国家发展和改革委员会的组织编制主体功能区规划职责、住房和城乡建设部的城乡规划管理职责等整合，统一行使全民所有自然资源资产所有者职责，统一行使所有国土空间用途管制和生态保护修复职责，着力解决自然资源所有者不到位、空间规划重叠等问题。可以预见的是，由自然资源部来推进的空间规划改革，其重点将是立足于统一国土空间用途管制的自然资源有效监管。

2.2 国土空间规划体系

2.2.1 国土空间规划体系的总体框架

中央政府将原有的各类空间规划统一之后称为"国土空间规划"。2019年5月,《中共中央 国务院关于建立国土空间规划体系并监督实施的若干意见》发布,要求建立国土空间规划体系并监督实施,将主体功能区规划、土地利用规划、城乡规划等空间规划融合为统一的国土空间规划,实现"多规合一",强化国土空间规划对各专项规划的指导约束作用。

新的国土空间规划在整合原有各类规划体系的基础上,形成了"五级三类"的国土空间规划体系。首先,国土空间规划在国家、省、市、县、乡镇五个行政层级进行编制;其次,国土空间规划分为总体规划、详细规划和相关专项规划三类。其中,国家、省、市、县编制国土空间总体规划,各地结合实际编制乡镇国土空间规划。国家、省层面的国土空间总体规划整合了原国土规划、土地利用规划、主体功能区规划、城镇体系规划等内容;市、县层面的国土空间总体规划主要整合了原土地利用规划和城乡规划;详细规划则由城市详细规划演变而来,此外还包括了村庄规划;相关专项规划是指在特定区域(流域)、特定领域,为体现特定功能,对空间开发保护利用作出的专门安排,是涉及空间利用的专项规划。国土空间总体规划是详细规划的依据、相关专项规划的基础。

2.2.2 国土空间规划体系的建设目标

基于自然资源部的职能,构建国土空间规划体系的主要目标包括:①保障"统一行使所有国土空间用途管制和生态保护修复职责"的落实;②推进国土空间开发保护制度的构建;③在由空间规划、用途管制、领导干部自然资源资产离任审计、差异化绩效考核等构成的空间治理体系发挥引领作用。

根据《中共中央 国务院关于建立国土空间规划体系并监督实施的若干意见》的部署,到2020年,要基本建立国土空间规划体系,逐步建立"多规合一"的规划编制审批体系、实施监督体系、法规政策体系和技术标准体系;基本完成市县以上各级国土空间总体规划编制,初步形成全国国土空间开发保护"一张图"。到2025年,要健全国土空间规划法规政策和技术标准体系;全面实施国土空间监测预警和绩效考核机制;形成以国土空间规划为基础,以统一用途管制为手段的国土空间开发保护制度。到2035年,要全面提升国土空间治理体系和治理能力现代化水平,基本形成生产空间集约高效、生活空间宜居适度、生态空间山清水秀,安全和谐、富有竞争力和可持续发展的国土空间格局。

2.2.3 国土空间规划体系的治理改进

国土空间规划将建立起全国统一、责权清晰、科学高效的规划体系。为完善规划治理机制,国土空间规划将在以下五个方面作出改进:

(1)强化规划权威。规划一经批复,任何部门和个人不得随意修改、违规变更。下级国土空间规划要服从上级国土空间规划,相关专项规划、详细规划要服从总体规划;坚持先规划、后实施;坚持"多规合一",不在国土空间规划体系之外另设其他空间规划。

(2)改进规划审批。按照谁审批、谁监管的原则,分级建立国土空间规划审查备案制度。精简规划审批内容,管什么就批什么,大幅缩减审批时间。减少需报国务院审批的城市数量,直辖市、计划单列市、省会城市及国务院指定城市的国土空间总体规划由国务院审批。

（3）健全用途管制制度。以国土空间规划为依据，对所有国土空间分区分类实施用途管制。在城镇开发边界内的建设，实行"详细规划+规划许可"的管制方式；在城镇开发边界外的建设，按照主导用途分区，实行"详细规划+规划许可"和"约束指标+分区准入"的管制方式。对以国家公园为主体的自然保护地、重要海域和海岛、重要水源地、文物等实行特殊保护制度。

（4）监督规划实施。依托国土空间基础信息平台，建立健全国土空间规划动态监测评估预警和实施监管机制。上级自然资源主管部门会同有关部门组织对下级国土空间规划中各类管控边界、约束性指标等管控要求的落实情况进行监督检查，将国土空间规划执行情况纳入自然资源执法督察内容。健全资源环境承载能力监测预警长效机制，建立国土空间规划定期评估制度，结合国民经济社会发展实际和规划定期评估结果，对国土空间规划进行动态调整完善。

（5）推进"放管服"改革。以"多规合一"为基础，统筹规划、建设、管理三大环节，推动"多审合一"、"多证合一"。优化现行建设项目用地（海）预审、规划选址以及建设用地规划许可、建设工程规划许可等审批流程，提高审批效能和监管服务水平。

2.3 城市治理

2.3.1 城市治理的公众参与

在规划编制阶段保证良好的公众参与有利于凝聚社会共识、降低规划运行和城市治理的成本。2008年《城乡规划法》规定了规划公示制度："城乡规划报送审批前，组织编制机关应当依法将城乡规划草案予以公告，并采取论证会、听证会或者其他方式征求专家和公众的意见。公告的时间不得少于三十日。组织编制机关

图 2-1　厦门公众代表参与规划环境影响评价座谈会（杨伏山 摄）
（资料来源：中国新闻图片网）

应当充分考虑专家和公众的意见，并在报送审批的材料中附具意见采纳情况及理由。"除了规划公示制度之外，近年来公众参与逐渐扩展到规划编制的全过程之中。2014年以来，在北京、上海编制最新版城市总体规划的过程中，均尝试了"开门做规划"，即在规划部门的主导下，保证市民、专家、各部门、各级政府全方位、多渠道的参与。

在日常的城市治理中，公众参与的渠道也正在拓宽。2015年《中共中央 国务院关于深入推进城市执法体制改革改进城市管理工作的指导意见》要求将城市管理转变为城市治理，提出：依法规范公众参与城市治理的范围、权利和途径，畅通公众有序参与城市治理的渠道。倡导城市管理志愿服务，建立健全城市管理志愿服务宣传动员、组织管理、激励扶持等制度和组织协调机制，引导志愿者与民间组织、慈善机构和非营利性社会团体之间的交流合作，组织开展多形式、常态化的志愿服务活动。依法支持和规范服务性、公益性、互助性社会组织发展。采取公众开放日、主题体验活动等方式，引导社会组织、市场中介机构和公民法人参与城市治理，形成多元共治、良性互动的城市治理模式。

2.3.2 基层社区治理

国家治理体系和治理能力的现代化的核心是建设有限但有效的政府，培育自主与自助的社会，完善自由但规范的市场秩序，弱化政府自上而下的管理，强化规制、协商、合作并存的新型治理方式。随着城市化进程的快速推进，以社区为代表的基层单位日益成为居民日常活动的主要社会空间。强化社区治理成为国家治理体系和治理能力的现代化的必然要求。长期以来，政府组织是中国社区治理的主体，居民和非政府机构在社区治理中参与度不高、社区组织力量比较薄弱等问题突出。

图2-2 河北雄安新区起步区控制性规划面向社会公示（韩冰 摄）
（资料来源：中国新闻图片网）

基层社区治理的完善，需要推动社区建设和发展从由政府单一主体向政府、社区居民和社会组织多元主体转变，逐步构建起政府引导、社区自治、各界参与的现代化社区治理模式。

为此，《中共中央 国务院关于进一步加强城市规划建设管理工作的若干意见》提出，要健全城市基层治理机制，进一步强化街道、社区党组织的领导核心作用，以社区服务型党组织建设带动社区居民自治组织、社区社会组织建设；增强社区服务功能，实现政府治理和社会调节、居民自治良性互动。《中共中央 国务院关于深入推进城市执法体制改革改进城市管理工作的指导意见》则进一步要求发挥社区在城市治理中的作用，依法建立社区公共事务准入制度，充分发挥社区居委会作用，增强社区自治功能。充分发挥社会工作者等专业人才的作用，培育社区社会组织，完善社区协商机制。推动制定社区居民公约，促进居民自治管理。建设完善社区公共服务设施，打造方便快捷生活圈。通过建立社区综合信息平台、编制城市管理服务图册、设置流动服务站等方式，提供惠民便民公共服务。

2.3.3 智慧城市治理

科技进步为城市治理提供了新的技术工具。2015年《中共中央 国务院关于深入推进城市执法体制改革改进城市管理工作的指导意见》提出要通过整合信息平台和构建智慧城市来改善城市治理水平：

（1）整合信息平台。积极推进城市管理数字化、精细化、智慧化，到2017年年底，所有市、县整合

专栏 2-2 北京奥运村街道创新群众议政自我管理模式

2016年，北京奥运村街道党政群共商共治工程在"居民议事厅"的基础上向下延伸，搭建起17个小区议事厅，在解决小区问题的同时，也起到了强化家园意识，增强社区凝聚力的作用。该街道形成了街道－社区－小区三级议事平台。2017年，他们又提出了深化"一核多元、融合共治"的理念，探索"党委领导、公众参与、凝聚合力、多元共治、跨界联盟"的工作模式。

北京奥运村街道举行议事协商会（任海霞 摄）
（资料来源：中国新闻图片网）

专栏 2-3　北京运用大数据改善城市治理

2016年，北京市西城区西长安街街道创立了全国首个基层政府大数据中心，借此打通了各个数据平台之间的壁垒，将"政务网"上分散的数据整合起来。数据整合激活了此前"沉睡的数据"，使其在城市治理、民生保障等方面发挥出更为精准的治理效益。大数据平台不仅改善了对市中心以及周边地区的安全监控，也优化了为市民服务的"最后一米"。

北京西城区西长安街街道大数据中心（韩海丹 摄）
（资料来源：中国新闻图片网）

形成数字化城市管理平台。基于城市公共信息平台，综合运用物联网、云计算、大数据等现代信息技术，整合人口、交通、能源、建设等公共设施信息和公共基础服务，拓展数字化城市管理平台功能。加快数字化城市管理向智慧化升级，实现感知、分析、服务、指挥、监察"五位一体"。整合城市管理相关电话服务平台，形成全国统一的12319城市管理服务热线，并实现与110报警电话等的对接。综合利用各类监测监控手段，强化视频监控、环境监测、交通运行、供水供气供电、防洪防涝、生命线保障等城市运行数据的综合采集和管理分析，形成综合性城市管理数据库，重点推进城市建筑物数据库建设。强化行政许可、行政处罚、社会诚信等城市管理全要素数据的采集与整合，提升数据标准化程度，促进多部门公共数据资源互联互通和开放共享，建立用数据说话、用数据决策、用数据管理、用数据创新的新机制。

（2）构建智慧城市。加强城市基础设施智慧化管理与监控服务，加快市政公用设施智慧化改造升级，构建城市虚拟仿真系统，强化城镇重点应用工程建设。发展智慧水务，构建覆盖供水全过程、保障供水质量安全的智能供排水和污水处理系统。发展智慧管网，实现城市地下空间、地下综合管廊、地下管网管理信息化和运行智能化。发展智能建筑，实现建筑设施设备节能、安全的智能化管控。加快城市管理和综合执法档案信息化建设。依托信息化技术，综合利用视频一体化技术，探索快速处置、非现场执法等新型执法模式，提升执法效能。

专栏 2-4　连云港市海州区建设智慧城市管理平台

江苏连云港市海州区智慧城市管理中心围绕"信息化建设、精细化管理、人性化服务、高效化运行"的目标，以城市网格化综合管理为基础，将政府服务热线和数字化城管、综合治理、民生服务、应急处置等统一纳入智慧城市管理平台，拓宽了信息搜集渠道，全方位参与社区公共服务，促进城市共建、共治、共享，有效提升了城市管理精细化水平。

连云港市海州区智慧城市管理中心（耿玉和 摄）
（资料来源：中国新闻图片网）

2.4 中国实践：城镇低效用地再开发

2.4.1 城镇低效用地再开发的概念

中央政府建立国土空间规划体系、统一国土空间用途管制的目的之一是对城镇建设用地的扩张进行控制。面对经济发展所带来的土地需求，中央政府在强化增长控制的同时，历来重视存量建设用地的高效利用。早在2004年，国务院就要求地方政府节约利用土地，努力盘活土地存量，并将盘活土地存量的权力和利益赋予地方。2008年国务院再次重申地方政府要节约集约用地，优先开发利用空闲、废弃、闲置和低效利用的土地，努力提高建设用地利用效率。2009年，广东省结合与原国土资源部共同开展节约集约用地示范省建设的部署，推进了"三旧"（旧城镇、旧厂房、旧村庄）改造工作。"三旧"改造工作后来在广州、深圳等城市被称为"城市更新"，在全国层面则被称为"城镇低效用地再开发"。"城市更新"与"城镇低效用地再开发"内涵相似，都关注于老城区、老工业区、城中村、棚户区等的更新改造。

2014年原国土资源部发布《关于推进土地节约集约利用的指导意见》，要求在严格保护历史文化遗产、传统建筑和保持特色风貌的前提下，规范有序推进城镇更新和用地再开发，提升城镇用地人口、产业承载能力。结合城市棚户区改造，建立合理利益分配机制，采取协商收回、收购储备等方式，推进"旧城镇"改造；依法办理相关手续，鼓励"旧工厂"改造和产业升级；充分尊重权利人意愿，鼓励采取自主开发、联合开发、收购开发等模式，分类推动"城中村"改造。

2016年11月，原国土资源部印发《关于深入推进城镇低效用地再开发的指导意见（试行）》，明确城镇低效用地是指布局散乱、利用粗放、用途不合理、建筑危旧的城镇存量建设用地，包括：国家产业政策规定的禁止类、淘汰类产业用地；不符合安全生产和环保要求的用地；"退二进三"产业用地；布局散乱、设施落后，规划确定改造的老城区、城中村、棚户区、老工业区等。再开发的目标则是促进城镇更新改造和产业转型升级，优化土地利用结构，提升城镇建设用地人口、产业承载能力，建设和谐宜居城镇。

2.4.2 城镇低效用地再开发的成效

根据自然资源部（原国土资源部）的统计，截至2017年底，上海、江苏、浙江、湖北、辽宁、陕西、广东等7省（市）全面启动了城镇低效用地再开发工作。7省（市）共认定城镇低效用地面积41.33万公顷，已完成改造再开发项目1.48万个、面积4.61万公顷，约占认定总面积的11%。已完成项目主要集中在开展工作较早的广东、江苏、浙江3省。其中，广东完成改造面积2.12万公顷，占全省认定面积的8%；浙江完成改造面积1.74万公顷，占全省认定面积的23%；江苏完成改造面积0.48万公顷，占全省认定面积的23%。改造地类主要是工业用地和住宅用地。各地已完成改造的项目中，广东的工业用地占51%，住宅用地占23%；浙江的工业用地占53%，住宅用地占16.7%；江苏的工业用地占74.9%，住宅用地占14.3%。

城镇低效用地再开发的成效具体体现在以下方面：

（1）改善了居民生活环境。广东省已完成的改造项目中，建设城市基础设施和公益事业项目1201个，新增公共绿地597.35公顷；保护与修缮传统人文历史建筑777.06万平方米；建设各类保障性住房共计4.55万套。浙江省温州市瓯海区牛山片棚户区通过改造，曾

图2-3 杭州市西湖区之江文化创意产业园改造成果
（资料来源：浙江省自然资源厅）

经"脏乱差"的小区蜕变成山水兼备、环境优美、配套齐全的美丽新家园。

（2）优化了城市用地结构。上海市在一些工业厂房再开发项目中，通过减少工业用地，增加公共开放空间，将绿地率提高到30%；辽宁省辽阳市利用停产企业用地，实施"退二进三"改造开发，增加了公共服务功能。

（3）促进了经济结构调整。广东省已改造项目中，属于产业结构调整项目共3246个，占改造项目总数的六成，其中，属于淘汰、转移项目496个，引进现代服务业和高新技术产业项目442个。浙江省通过再开发工作推动淘汰落后产能企业9000多家，整治和淘汰低端企业8.5万多家，处置"僵尸企业"882家。

（4）提升了土地利用效率。浙江省已完成再开发的地块中，工业用地的平均容积率从0.78提高到1.71，投资强度从6.7万元／公顷提高到17.1万元／公顷，产出从5.7万元／公顷提高到18.3万元／公顷，税收从0.8万元／公顷提高到3万元／公顷。

2.4.3 城镇低效用地再开发的模式

在实践中,各地形成了多种再开发模式,包括政府收储改造开发、原国有土地使用权人自行改造开发、原集体经济组织自行开发、新引入市场主体改造开发、政府与社会力量联合开发、社会多方合作开发等多元化模式。

其中,广东省以原国有土地使用权人自行改造为主,占34%,新引入市场主体改造开发占28%,原集体经济组织自行开发占22%,政府收储改造开发占10%,政府与社会力量联合开发、社会多方合作开发占6%。

浙江省以新引入市场主体改造开发为主,占39%,政府收储改造开发占31%,原国有土地使用权人自行改造开发占23%,原集体经济组织自行开发占5%,政府与社会力量联合开发、社会多方合作开发占2%。

江苏省以政府收储改造开发为主,占52%,原国有土地使用权人自行改造开发和新引入市场主体改造开发各占23%,原集体经济组织开发、政府与社会力量联合开发、社会多方合作开发各占1%。

湖北省以政府收储改造开发为主,占70%,原集体经济组织自行开发占22%,新引入市场主体改造开发占7%,原国有土地使用权人自行改造开发占1%。

为充分调动原土地权利人的积极性,各地采取了不同措施来分享增值收益。浙江对收回、收购存量建设用地用于再开发的,在依法补偿的基础上给予原土地权利人一定奖励。上海允许原土地权利人以单一主体或联合开发体形式,采取存量补地价的方式自行开发;并规定对于被收储后公开出让的工业用地,原土地权利人可以分享一定比例的增值收益。福建泉州允许从原土地使用权人手中租赁厂房进行改造后重新出租,实现土地使用权与经营权"两权"分离和利益共享。

专栏 2-5　城镇低效用地再开发模式

(1)政府收储改造开发
由政府通过土地储备机构对改造地块实施征收、进行补偿安置和必要的基础设施建设,经营性土地形成"净地"后,进行公开招标、拍卖、挂牌出让,由受让人按照规划开发建设。

(2)原国有土地使用权人自行改造开发
主要针对国有工业用地,由原国有土地的使用权人采取作价入股、出租、联合开发等方式,调整产业结构、转换土地用途,提高土地经济效益。

(3)原集体经济组织自行开发
以农村集体经济组织为改造主体,通过自筹资金或引入合作单位共同改造"城中村"。经营性土地形成"净地"后,可采取定向挂牌方式出让。农村集体经济组织可主动申请将其所有土地转为国有建设用地。

(4)新引入市场主体改造开发
由市场主体对土地进行收购之后进行再开发。广东省允许市场主体收购相邻地块,将分散的地块合并归宗后集中实施改造。

第三章

城市基础设施

国家相关规划与政策

城市交通系统

城市水系统

城市能源系统

城市环卫系统

城市通信系统

中国实践：智慧城市

>> 3

城市基础设施

　　城市基础设施是新型城镇化的物质基础，是城市社会经济发展、人居环境改善、公共服务提升和城市安全运转的基本保障，是城市发展的骨架和生命线。为促进城市基础设施的发展，中国坚持规划引领，编制了全国城市市政基础设施建设"十三五"规划等相关规划，对基础设施发展谋篇布局；并通过一系列措施，促进了交通设施、水设施、能源设施、环卫设施的高质量发展，更好地满足了人民群众对美好生活的需求，支撑了新型城镇化的发展。新型通信技术、物联网、大数据、云计算等技术的快速发展，推动智慧城市建设和管理，进一步提升了城市运行管理水平和安全水平。

3.1 国家相关规划与政策

3.1.1 市政基础设施综合规划

《全国城市市政基础设施建设"十三五"规划》（以下简称《规划》）是中国第一次编制国家级、综合性的市政基础设施建设规划，由国家发展改革委、住房城乡建设部于2017年5月发布。该《规划》统筹城市交通系统、地下管线系统、水系统、能源系统、环卫系统、绿地系统、智慧城市等7个方面，明确了"十三五"全国城市基础设施发展目标和建设任务。《规划》提出，到2020年，建成与小康社会相适应的布局合理、设施配套、功能完备、安全高效的现代化城市市政基础设施体系，基础设施对经济社会发展支撑能力显著增强。"十三五"时期城市市政基础设施主要发展指标包括建立互联互通的道路交通网络，城市建成区路网密度达到8千米/平方千米以上；进一步扩大公共供水服务范围，全国设市城市公共供水普及率达到95%以上；扩大天然气的应用领域与应用规模，全国设市城市燃气普及率达到97%以上；城市水环境质量得到明显改善，地级及以上城市建成区黑臭水体均控制在10%以内；公园绿地服务半径覆盖率不低于80%；有序推进综合管廊建设，全国城市道路综合管廊综合配建率力争达到2%左右，并建成一批布局合理、入廊完备、运行高效、管理有序的具有国际先进水平的地下综合管廊并投入运营；加快海绵城市建设，20%城市建成区达到海绵城市建设要求。

3.1.2 污水处理及再生水利用设施规划

《"十三五"全国城镇污水处理及再生利用设施建设规划》（以下简称《规划》）由国家发展改革委、住房城乡建设部于2016年12月发布。该《规划》明确了"十三五"时期中国在污水处理及再生水利用设施建设的7项任务，包括完善污水收集系统，提升污水处理设施能力，重视污泥无害化处理处置，推动再生水利用，启动初期雨水污染治理，加强城市黑臭水体综合整治，强化监管能力建设等。同时对各项工作内容《规划》提出了相应建设目标。"十三五"期间规划新增污水管网12.59万千米，老旧污水管网改造2.77万千米，合流制管网改造2.88万千米，新增污水处理设施规模5022万立方米/日，提标改造污水处理设施规模4220万立方米/日，新增污泥（以含水80%湿污泥计）无害化处置规模6.01万吨/日，新增再生水利用设施规模1505万立方米/日，新增初期雨水治理设施规模831万立方米/日，加强监管能力建设，初步形成全国统一、全面覆盖的城镇排水与污水处理监管体系。

图3-1　湖北宜昌首条地下综合管廊（张国荣 摄）
（资料来源：中国新闻图片网）

图 3-2　江苏泗洪利用污水厂尾水打造湿地成生态公园（张连华 摄）
（资料来源：中国新闻图片网）

3.1.3　环卫设施规划

《"十三五"全国城镇生活垃圾无害化处理设施建设规划》（以下简称《规划》）由国家发展改革委、住房城乡建设部于 2016 年 12 月发布。该《规划》明确了"十三五"时期中国在环卫设施建设的 6 项任务，包括加快处理设施建设，完善垃圾收运体系，加大存量治理力度，推进餐厨垃圾资源化利用与无害化处理，推行生活垃圾分类，加强监管能力建设。"十三五"期间建设目标为新增生活垃圾无害化处理能力 50.97 万吨／日（包含"十二五"续建 12.9 万吨／日），设市城市生活垃圾焚烧处理能力占无害化处理总能力的比例达到 50%，东部地区达到 60%，新增收运能力 44.22 万吨／日，实施存量治理项目 803 个，新增餐厨垃圾处理能力 3.44 万吨／日，城市基本建立餐厨垃圾回收和再生利用体系，加强监管能力建设，初步形成较为完善的城镇生活垃圾处理监管体系。

3.1.4　交通设施规划

《"十三五"现代综合交通运输体系发展规划》（以下简称《规划》）由国务院于 2017 年 2 月发布。该《规划》统筹基础设施布局、战略支撑、运输服务一体化、交通发展智能化、交通运输绿色发展、安全应急保障体系等方面，提出建设多项连通的综合运输通道、构建高品质的快速交通网等多项建设任务。到 2020 年，基本建成安全、便捷、高效、绿色的现代综合交通运输体系，部分地区和领域率先基本实现交通运输现代化。"十三五"时期综合交通运输发展主要指标包括高速铁路覆盖 80% 以上的城区常住人口 100 万以上的城市，铁路、高速公路、民航运输机场基本覆盖城区常住人口20万以上的城市；城市轨道交通运营里程比2015年增长近一倍；综合交通网总里程达到540万千米左右；各种运输方式衔接更加紧密，重要城市群核心城市间、核心城市与周边节点城市间实现1—2小时通达。

3.1.5　通信设施规划

2016年12月，工业和信息化部发布了《信息通信行业发展规划（2016—2020年）》及《信息通信行业发展规划物联网分册（2016—2020年）》，提出到2020年的发展目标，其中包括："宽带中国"战略各项目标全面实现，基本建成高速、移动、安全、泛在的新一代信息基础设施，初步形成网络化、智能化、服务化、协同化的现代互联网产业体系；基本形成具有国际竞争力的物联网产业体系，包含感知制造、网络传输、智能信息服务在内的总体产业规模突破1.5万亿元等。

3.1.6　老旧小区改造

老旧小区是城市市政基设施的"最后一公里"，与老百姓的衣食起居直接相关，但往往也是基础设施的薄弱环节。2019年4月，住房和城乡建设部会同发展改革委、财政部请31个省区市和新疆生产建设兵团开展全面排查，截至5月底，各地上报需要改造的城镇老旧小区17万个，涉及居民上亿人。2017年底，住房和城乡建设部在厦门、广州等15个城市启动了城镇老旧小区改造试点，截至2018年12月，试点城市共改造老旧小区106个，惠及5.9万户居民，形成了一批可复制可推广的经验。2018年，全国老旧小区加装电梯已经完成了1万多部，正在施工

图3-3　浙江省杭州市三新家园3台既有住宅加装电梯顺利通过验收（施健学 摄）
（资料来源：中国新闻图片网）

的有4000多部，正在办理前期手续的有7000多部。2019年以来，住房城乡建设部会同发展改革委、财政部认真研究城镇老旧小区改造支持政策，印发了《关于做好2019年老旧小区改造工作的通知》，全面推进城镇老旧小区改造。

3.2　城市交通系统

3.2.1　区域交通

（1）全国高铁网规划与建设

2018年，中国高铁营运里程2.9万千米，占世界高铁总里程的2/3以上。规划到2020年，在已建成的"四纵四横"高速铁路[①]基础上，推进"八纵八横"高铁主通道[②]建设，建成高速铁路3万千米，覆盖80%以上

---

① 四纵：京沪高速铁路、京港客运专线、京哈客运专线、杭福深客运专线。四横：沪汉蓉高速铁路、徐兰客运专线、沪昆高速铁路、青太客运专线。

② 八纵通道：沿海、京沪、京港（台）、京哈~京港澳、呼南、京昆、包（银）海、兰（西）广。八横通道：绥满、京兰、青银、陆桥、沿江、沪昆、厦渝、广昆。

专栏 3-1 "十三五"高速铁路重点项目[1]

建成北京至沈阳、北京至张家口至呼和浩特、大同至张家口、石家庄至济南、济南至青岛、郑州至徐州、宝鸡至兰州、西安至成都、商丘至合肥至杭州、武汉至十堰、南昌至赣州等高速铁路。

建设沈阳至敦化、包头至银川、银川至西安、北京至商丘、太原至焦作、郑州至济南、郑州至万州、黄冈至黄梅、十堰至西安、合肥至安庆至九江、徐州至连云港、重庆至黔江、重庆至昆明、贵阳至南宁、长沙至赣州、赣州至深圳、福州至厦门等高速铁路。

图 3-4　7月11日，重庆直达香港的高铁正式开通运营（陈超 摄）
（资料来源：中国新闻图片网）

图 3-5　空中俯瞰大兴机场（孙自法 摄）
（资料来源：中国新闻图片网）

的大城市。实现北京至大部分省会城市之间 2—8 小时通达，相邻大中城市 1—4 小时快速联系，主要城市群内 0.5—2 小时便捷通勤。

2017 至 2018 年，宝鸡至兰州、西安至成都、石家庄至济南、广深港香港段、杭州至黄山、哈尔滨至牡丹江、济南至青岛、怀化至衡阳、九江至衢州、昆明至大理等高铁开通运营。2017 年 9 月 21 日，"复兴号"动车组在京沪高铁率先实现 350 千米时速运营，中国成为世界上高铁商业运营速度最高的国家。

（2）京津冀、长三角、大湾区城市群交通建设

2018 年，北京至雄安城际铁路和雄安站开工建设，雄安站规划引入北京至商丘高铁、京雄城际、津雄城际等 5 条线路，预计 2020 年建成通车。北京大兴国际机场、延崇高速公路、京雄高速公路加快建设，以高铁、城际铁路为骨架的京津冀综合运输网络正快速形成，支撑了京津冀协同发展和雄安新区建设。2019 年 6 月 30 日，大兴机场竣工。

2018 年，长三角铁路建设快速推进，商合杭、连淮扬镇、徐宿淮盐、连徐、苏南沿江等高铁正在建设，江苏省沿江城市群城际铁路建设规划获批[2]。截至 2018 年底，长三角高速铁路里程达 4171 千米，连通了上海、江苏、浙江、安徽三省一市的 34 个地级以上城市。

---

[1] 资料来源于《铁路"十三五"发展规划》，国家发展改革委等。

[2] 总里程 1063 千米，其中江苏段 980 千米，安徽段 83 千米。

专栏 3-2　40 年城市公共交通发展变化

改革开放 40 年来，中国城市公共交通取得了巨大的成就。2017 年与 1978 年相比，公共汽电车规模由 2.55 万辆增加到 65.12 万辆，年均增长 8.9%；营运线路长度由 4.74 万千米增加到 106.94 千米，年均增长 8.55%；客运量由 128.40 亿人次增加到 722.87 亿人次，年均增长 4.65%。

1978 年前，只有北京建成了城市轨道交通 1 号线，营运里程 30.4 千米。1982 年北京建成 2 号线，1995 年上海建成 1 号线，1999 年广州建成 1 号线。到 2000 年，中国共有 3 个城市建成城市轨道交通线路 4 条，营运里程合计 105.7 千米。20 世纪 90 年代后期，中国开始重视城市轨道交通并加快建设，到 2006 年，10 个城市建成开通运营了 21 条城市轨道交通线路，运营里程增加到 584.1 千米。近 10 年，中国城市轨道交通发展十分迅速，开通运营城市增长 3.4 倍，线路条数增长 7.86 倍，运营线路长度增长 8.62 倍。

粤港澳大湾区交通建设取得显著进展，港珠澳大桥于 2018 年 10 月 24 日建成通车，港珠澳大桥集桥、隧、岛为一体，全长 55 千米，是连接中国内地、香港、澳门的陆路交通"超级工程"，中国国家主席习近平出席仪式并宣布大桥正式开通。跨越珠江口的深中大桥也正在建设中，全长 24 千米，预计 2024 年建成通车，届时将形成连接珠江口两岸、促进粤港澳大湾区产业协同发展的第二条交通大通道。

3.2.2　公共交通

（1）公共汽电车[①]

2017 年，中国城市公共汽电车 65.12 万辆，营运线路长度 106.94 万千米，完成客运量 722.87 亿人次。32 个城市开通了 BRT 线路，运营车辆 8802 辆，运营线路长度 3424.5 千米。新能源车辆不断增加，运营车辆达 25.72 万辆，占运营车辆比例由 2016 年的 27.0% 上升到 39.5%。

（2）城市轨道交通[②]

2017 年，中国 34 个城市建成运营了 165 条城市轨道交通线路，总里程 5032.7 千米，共有车站 3234 座，完成客运量 184.81 亿人次。北京、上海、广州、深圳日均客运量位于中国前四位。同时，中国城市轨道交通需求和在建规模依然巨大，56 个城市在建城市轨道交通线路条数 254 条，线路长度 6246.3 千米，车站 4150 座。

图 3-6　2019 年 6 月 23 日，兰州市轨道交通 1 号线一期工程正式开通试运营（杨艳敏　摄）
（资料来源：中国新闻图片网）

---

① 资料来源：中国城市客运发展报告（2017），中华人民共和国交通运输部编。

② 中国智能交通行业发展年鉴（2017），中国智能交通协会编。

3.2.3 共享交通

（1）共享单车

2017年，共享单车的注册用户由2016年的1800多万人增长到2亿多人。共享单车虽然方便了公众出行，但共享单车盲目扩张、不规范的经营模式和行业监管缺失，导致了车辆乱停乱放、车辆运营维护不到位、用户押金退还难、城市管理成本增大等现象十分突出。在许多城市也开始限制共享单车进入或设置规模"门槛"，ofo等企业无法及时退还用户押金也成为社会的焦点。为了规范共享单车发展，国家有关部委出台了指导意见①，在政策层面上明确了发展方向、管理责任主体和权益。

（2）出租车

2017年，中国巡游出租车（简称"出租车"）139.58万辆，比2016年减少0.82万辆。由于巡游出租车发展规模受政策限制，网约出租车（简称"网约车"）发展呈现快速增长趋势。网约车的便捷性、舒适性也得到用户的偏爱，用户规模超过了2亿人。2018年出现的两起乘客遇害事件，将滴滴网约车推到了风口浪尖，也促使国家监管部门进驻八家网约车公司开展安全专项检查并督促整改。出行安全问题一直是网约车发展存在的核心问题，如果不从根本上改变网约车驾驶员认证和管理模式，放任网约车规模无序扩张，其安全运行和安全监管依然存在较大风险。

3.2.4 新能源交通

（1）新能源汽车

中国新能源汽车产销量稳居世界第一，国家加快推动纯电车汽车发展，在基础设施、安全管理、技术研发等方面出台了相关政策，启用了新能源汽车专用号牌。2017年，新能源汽车销售量77.7万辆，同比增长53.3%。其中，纯电动乘用车销售量65.2万辆，同比增长59.6%，占新能源汽车销量的83.4%②。但纯电动汽车续航能力不稳定且续航里程低、充电设施布局不完善、充电等待时间长等问题比较突出，使得消费者使用体验较差。2018年，中国发生的纯电动汽车自燃

图 3-7　共享单车便捷出行（严大明 摄）
（资料来源：中国新闻图片网）

图 3-8　四川绵阳发出首副新能源车牌（陈冬冬 摄）
（资料来源：中国新闻图片网）

---

① 2017年交通运输部等部委出台了《关于鼓励和规范互联网租赁自行车发展的指导意见》。

② 中国智能交通行业发展年鉴（2017），中国智能交通协会编。

事故超过 40 起，也加大了消费者对纯电动汽车安全性的担忧。

（2）充电设施

充电设施需求强烈，但建设落地难、运营效率低的问题比较普遍。2017 年中国车桩比只有 3.5:1，公共充电设施由于布点和充电桩少、排队时间长等，使用率不足 15%。2018 年，国家发展改革委等部委制定了《提升新能源汽车充电保障能力行动计划》，力争用 3 年时间，全面优化充电设施布局，提高充电设施产品质量，解决老旧居民区充电桩、城市中心公共充电设施建设难题，为新能源汽车用户提供更高效便捷的充电服务。

3.3 城市水系统

"十三五"期间，中国政府坚持以问题和目标为导向，进一步加强城市水系统建设，重点构建供水安全多级屏障，全面整治城市黑臭水体，强化水污染全过程控制，建立排水防涝工程体系，加快推进海绵城市建设，转变城市水系统发展理念，提高管理水平，持续保障城市水系统的安全、稳定运行。

3.3.1 供水安全保障

到 2017 年底，全国城市供水综合生产能力 30475.0 万立方米 / 天，年供水总量 593.8 亿立方米，用水人口 4.83 亿人。城市公共供水的服务范围不断扩大，公共供水的普及率持续提高至 95.04%。相比"十二五"末，全国城市水厂新增能力 796.7 万立方米 / 天，新建管网 8.7 万千米。

2017 年 10 月，住房和城乡建设部发布《城镇供水管网分区计量管理工作指南——供水管网漏损管控体

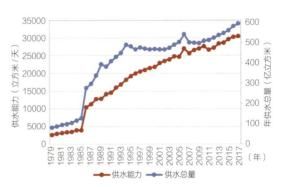

图 3-9 中国城市供水能力及供水总量变化（1979—2017 年）
（资料来源：笔者自绘）

图 3-10 游客在苏州古胥门景区的免费直饮水台处饮水（王建康 摄）
（资料来源：中国新闻图片网）

系构建（试行）》，提出以管网分区计量管理为抓手，用系统思路加强城镇供水管网漏损管控，提高管网精细化、信息化管理水平，提升供水安全保障能力，加快推进城镇供水漏损控制工作。

2018 年 1 月 1 日，新《水污染防治法》正式实施。为确保城乡居民饮用水安全，修订后的《水污染防治法》在立法宗旨中明确增加了"保障饮用水安全"的规定，并专门增设了"饮用水水源和其他特殊水体保护"一章，进一步完善饮用水水源保护区的管理制度。

截至 2018 年底，全国城市供水水质监测网络已拥有 1 个国家水质监测中心、43 个国家站、近 200 个地方站，遍及全国 30 个省、自治区、直辖市，以"两级网三级站"为核心的全国城市供排水检测体系日趋完善。

图 3-11 自来水供水管道检漏（牛志勇 摄）
（资料来源：中国新闻图片网）

2018年，住房和城乡建设部组织实施了供水规范化检查和供水水质督察等工作。其中，2016—2018 年的水质督察，覆盖 31 个省、自治区、直辖市共 560 余个设施城市，其中 21 个省级行政区全覆盖、10 个省级行政区部分覆盖，覆盖比例占全国设市城市总数的 85% 以上。

2019 年 5 月，在全国科技活动周上，住房和城乡建设部组织的"水体污染控制与治理"国家科技重大专项饮用水安全保障主题，在重大专项展区展出"全流程饮用水安全保障系统演示模型"，集中展示了近年来我国饮用水安全保障领域的最新科技成果。

3.3.2 污水收集处理

截至 2017 年底，全国污水处理能力达到 1.57 亿立方米 / 天，年污水处理量 465.5 亿立方米。城市排水管道建设明显提速，2017 年排水管道长度达到 63 万千米，比 2015 年提高了 17%。再生水处理能力达到 3587.9 万立方米 / 天，再生水利用量为 71.3 亿立方米。

2019 年 4 月，住房城乡建设部、生态环境部、国家发展和改革委员会联合印发《城镇污水处理提质增效三年行动方案（2019—2021 年）》（建城〔2019〕52 号），提出经过 3 年努力，地级及以上城市建成区基本无生活污水直排口，基本消除城中村、老旧城区和

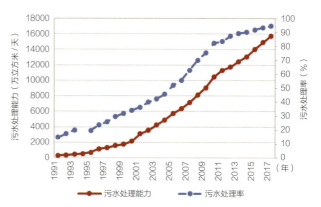

图 3-13 中国城市污水处理能力及污水处理率变化（1991—2017 年）
（资料来源：笔者自绘）

图 3-12 2019 年全国科技活动周"全流程饮用水安全保障系统演示模型"
（资料来源：笔者自摄）

图 3-14 福州开展城区黑臭水体治理（张斌 摄）
（资料来源：中国新闻图片网）

城乡结合部生活污水收集处理设施空白区，基本消除黑臭水体，城市生活污水集中收集效能显著提高。

3.3.3 排水防涝

截至 2017 年底，全国 658 个城市共有城市雨水管网 25.36 万千米，雨污合流制管网 11.11 万千米，相比"十二五"末，城市雨水管网新增 4.81 万千米，雨污合流制管网新增 0.34 万千米，在保障城市排水安全上发挥了重要作用。

2018 年 3 月、2019 年 3 月，住房城乡建设部先后发布了《关于公布 2018 年全国城市排水防涝安全及重要易涝点整治责任人名单的通告》（建城函〔2018〕40 号）和《关于公布 2019 年全国城市排水防涝安全及重要易涝点整治责任人名单的通告》（建城函〔2019〕37 号）文件，建立城市重要易涝点整治责任制，落实责任到岗、到人。

2019 年 3 月，住房和城乡建设部发布《关于做好 2019 年城市排水防涝工作的通知》（建办城函〔2019〕176 号），提出要滚动谋划项目，严控工程质量，扎实推进城市排水防涝补短板工作。

为保障城市排水防涝安全，住房和城乡建设部等各部门从组织机制、工程建设、运维管理等方面，出台了相关要求，制定了保障措施。然而，受气候变化及城市排水设施历史欠账等因素的影响，我国排水防涝形势依然严峻。

3.4 城市能源系统

3.4.1 供热

截至 2017 年，集中供热面积为 83.1 亿平方米，较 2016 年增长 9.2 亿平方米。供热管道长度为 27.63 万公里，较 2016 年增长 62718 千米。党中央、国务院高度重视清洁供暖，多次明确要求，一定要把清洁供暖当成一项重要的政治任务、民生任务、紧要任务来抓，大幅提升供暖领域的清洁化水平，改善人民群众的生活环境和生活质量。

2017 年 9 月 6 日，住房城乡建设部、国家发展改革委等四部门联合发布《关于推进北方采暖地区城镇清洁供暖的指导意见》，要求各地编制供热专项规划，加快推进燃煤热源清洁化；2017 年 12 月 5 日，国家发

图 3-15 安徽，工人正在养护地下管道（韩苏原 摄）
（资料来源：中国新闻图片网）

图 3-16 山东省荣成市一家社会福利中心的员工在老人房间查看室内温度（杨萌 摄）
（资料来源：中国新闻图片网）

展改革委，能源局等十部门联合发布了《北方地区冬季清洁取暖规划（2017—2021年）》，要求到2021年，北方"2+26"城主城区全部实现清洁供暖；2017年12月6日，国家发展改革委、国家能源局联合印发了《关于促进生物质能供热发展的指导意见的通知》（发改能源〔2017〕2123号），强调稳步发展城镇生活垃圾焚烧热电联产，加快常规生物质发电项目供热改造，推进小火电改生物质热电联产，建设区域综合清洁能源系统，加快生物质热电联产技术进步等；2017年12月27日，国家能源局发布《关于做好2017—2018年采暖季清洁供暖工作的通知》（国能综通电力〔2017〕116号），要求各地统一部署清洁供暖工作，因地制宜选择方式多样、经济适用的清洁供暖模式。

3.4.2 燃气

城市燃气供应包括人工煤气、天然气和液化石油气三种类型。随着全社会节能减排和环境保护意识的提高，清洁高热的天然气能源日益受到重视。截至2017年底，全国城市燃气用气总人口4.7亿人，燃气普及率

图 3-17 河南省濮阳市中石化中原油田棚户区改造中采用地热供暖（仝江 摄）
（资料来源：中国新闻图片网）

图 3-18 安徽省安庆举行燃气地下管网泄漏应急演练（黄有安 摄）
（资料来源：中国新闻图片网）

> **专栏 3-3 改革开放以来城市集中供热发展情况**
>
> 改革开放以来，全国城市集中供热能力显著提高，已逐渐形成了一种以电力、热力等联合生产为主，少数区域锅炉房供热为辅的供热格局。其中，蒸汽供热能力经历了三个发展阶段：1981—1985年，蒸汽供热能力平稳缓慢增长；1985—1995年，蒸汽供热能力迅速增长；1996—2017年，蒸汽供热能力平稳缓慢增长。热水供热能力经历了两个发展阶段：1981—1985年，热水供热能力平稳缓慢增长；1985—2017年，热水供热能力快速增长。
>
>
>
> 全国城市集中供热能力发展变化（1996—2017年）
> （资料来源：笔者自绘）

专栏 3-4 改革开放以来城市燃气供应发展情况

总体上,改革开放以来,我国城市燃气供应能力与燃气普及率显著提高。其中,人工煤气供应能力经历了三个发展阶段:1978—1989年,人工煤气供应能力平稳缓慢增长;1989—2009年,人工煤气供应能力较快增长;2009—2017年,人工煤气供应能力持续降低。天然气供应能力经历了两个发展阶段:1978—2000年,天然气供应能力平稳缓慢增长;2000—2017年,天然气供应能力快速增长。液

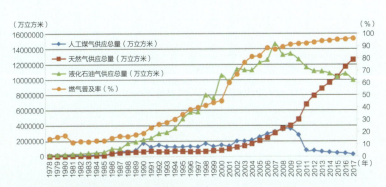

改革开放以来全国城市燃气供应发展变化
(资料来源:笔者自绘)

化石油气供应能力经历了三个发展阶段:1978—1985年,液化石油气供应能力平稳缓慢增长;1985—2007年,人工煤气供应能力快速增长;2007—2017年,人工煤气供应能力持续降低。全国城市燃气普及率经历了三个增长阶段:1978—1988年,燃气普及率平稳缓慢提高;1988—2009年,燃气普及快速提高;2009—2017年,燃气普及率平稳缓慢提高。

为96.26%,全国城市人工煤气供应总量27.1亿立方米,较2016年下降38.6%;全国城市天然气供应总量1263.8立方米,较2016年增长7.9%;全国城市液化石油气供应总量为998.8万吨,较2016年下降7.4%。总体上,城市人工煤气和液化石油气供应能力显著下降,天然气供应能力显著提升,城市天然气在城市能源供应中的比例提升。

3.5 城市环卫系统

3.5.1 生活垃圾处理设施

(1)生活垃圾无害化处理设施发展迅速

2006—2017年,全国生活垃圾无害化处理设施快速发展,无害化处理能力显著提高。无害化处理场(厂)从2006年419座增加至2017年1013座,

图 3-19 全国生活垃圾无害化处理场(厂)及处理率变化
(资料来源:笔者自绘)

增加1.4倍,年均增长率为8.4%;无害化处理率从2006年53.1%提高至2017年97.7%,提高了0.8倍,年均增长率为5.8%。

(2)生活垃圾无害化处理设施地域发展差异较大

从全国来看,2017年全国生活垃圾清运能力为59万吨/日,无害化处理能力为68.0万吨/日。从各

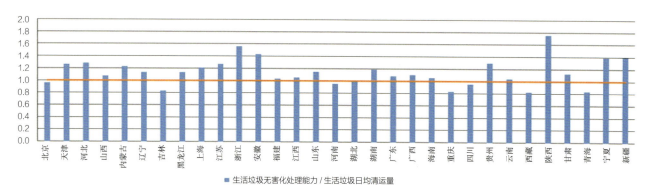

图 3-20　全国生活垃圾无害化处理设施处理能力与日均清运量对比
（资料来源：笔者自绘）

专栏 3-5　改革开放以来城市生活垃圾无害化处理设施发展情况

总体上，改革开放以来，全国城市生活垃圾无害化处理设施发展迅速，无害化处理设施数量和能力显著增长，无害化处理率不断提高。其中，无害化处理设施建设呈现出三个阶段的发展态势：1979—1989 年，无害化处理设施数量和能力缓慢发展；1989—2005 年，无害化处理设施数量和能力快速发展；2006—2017 年，无害化处理设施数量和能力平稳增加。截至 2017 年底，相较于生活垃圾清运能力，生活垃圾无害化处理率处于较高水平，城市人居环境不断改善，城市生态文明建设取得了长足发展。

改革开放以来全国城市卫生设施建设发展变化（2006—2017 年）
（资料来源：笔者自绘）

省份来看，北京、吉林、河南、重庆、四川、西藏、青海生活垃圾无害化处理不足。

3.5.2　生活垃圾分类试点

2016 年 12 月，习近平总书记主持召开的中央财经领导小组第十四次会议提出"要加快建立分类投放、分类收集、分类运输、分类处理的垃圾处理系统，形成以法治为基础、政府推动、全民参与、城乡统筹、因地制宜的垃圾分类制度，努力提高垃圾分类制度覆盖范围"。推行生活垃圾分类，可有效减轻清运压力和终端处理压力，对改善城乡环境，促进资源回收利用，提高新型城镇化质量和生态文明建设水平具有重要意义。

2017 年 3 月，国家发展改革委、住房城乡建设部发布了《生活垃圾分类制度实施方案》（以下简称《方案》），为生活垃圾分类制度实施制定了路线图。

截至 2018 年 6 月，《方案》实施一年多来，生活垃圾分类工作已由点到面逐步启动。党政军机关等公共机构率先推行了生活垃圾分类。其中，134 家中央单位开展的生活垃圾分类全部通过了验收，并建立了

图 3-21　安徽合肥市的小学生学习垃圾分类（张娅子 摄）
（资料来源：中国新闻图片网）

11 个示范单位，27 家驻京部队已开展生活垃圾分类。全国各省直机关普遍推行生活垃圾分类，29 个省（区、市）已完成省直机关生活垃圾强制分类目标。

同时，部分地区率先建立了生活垃圾强制分类制度。包括福建、贵州、江西三个生态文明试验区在内的 21 个省（区、市）已出台了生活垃圾分类实施方案。各直辖市、省会城市、计划单列市和部分地级城市着力推进生活垃圾分类投放、收集、运输和处理设施体系建设。其中，41 个城市正在推进生活垃圾分类示范片区建设，14 个城市已经出台生活垃圾分类地方性法规或

图 3-22　上海虹桥站，孩子在志愿者的引导下扔垃圾（殷立勤 摄）
（资料来源：中国新闻图片网）

规章。厦门、深圳、宁波、苏州、杭州、广州、上海等城市生活垃圾分类工作已取得初步成效，厦门市岛内全部小区、岛外 68% 的 1000 户以上小区已开展生活垃圾分类。

2019 年 7 月 1 日，《上海市生活垃圾管理条例》（以下简称《条例》）正式实施，标志着上海进入强制垃圾分类时代。《条例》将生活垃圾分为可回收物、有害垃圾、湿垃圾和干垃圾四类，提出实行区域生活垃圾处置总量控制制度，逐步推行生活垃圾定时定点分类投放制度。《条例》还对个人、企业、收集和运输单位、处置单位的法律责任进行了界定。

3.6　城市通信系统

3.6.1　总体情况

截至 2017 年底，全国移动电话基站 619 万个，光缆线路长度 3780 万公里。移动电话普及率呈持续上升趋势，2017 年底为 102 部/百人，比 2010 年增加 58.4%。城市固定电话普及率呈现持续下降趋势，2017 年底为 18 部/百人，比 2010 年下降 42.0%。全国移动互联网用户 12.7 亿户，互联网宽带用户 3.5 亿户。网络提速降费工作稳步推进，5G、量子信息等技术取得突破性进展。

3.6.2　提速降费

2017 年 9 月 1 日，中国电信、中国联通、中国移动三大运营商全面取消手机国内长途费和漫游费。

2018 年全国"两会"期间，国务院总理李克强在政府工作报告中，提出要加大网络提速降费力度，实现高速宽带城乡全覆盖，扩大公共场所免费上网范围，明

显降低家庭宽带、企业宽带和专线使用费，取消流量"漫游"费，移动网络流量资费年内至少降低30%。

2019年全国"两会"期间，李克强总理在政府工作报告中，进一步提出2019年中小企业宽带平均资费再降低15%，移动网络流量平均资费再降低20%以上，在全国实行"携号转网"，规范套餐设置，使降费实实在在、消费者明明白白。

3.6.3 5G技术

2017年8月13日，国务院印发《关于进一步扩大和升级信息消费持续释放内需潜力的指导意见》，提出要加快第五代移动通信（5G）标准研究、技术试验和产业推进，力争2020年启动商用。加快推进物联网基础设施部署。

2017年11月，国家发改委印发《关于组织实施2018年新一代信息基础设施建设工程的通知》，提出要以直辖市、省会城市及珠三角、长三角、京津冀区域主要城市等为重点，开展5G规模组网建设。

2018年5月，工业和信息化部、国资委联合印发《关于深入推进网络提速降费加快培育经济发展新动能

图3-23 雄安无人驾驶微循环电动巴士搭载乘客出行（张远 摄）
（资料来源：中国新闻图片网）

2018专项行动的实施意见》，提出扎实推进5G标准化、研发、应用、产业链成熟和安全配套保障，组织实施"新一代宽带无线移动通信网"重大专项，完成第三阶段技术研发试验，推动形成全球统一5G标准。

根据中国互联网信息中心2019年2月发布的第43次《中国互联网络发展状况统计报告》，截至2018年3月，中国提交的5G国际标准文稿占全球的32%，主导的标准化项目占比40%，推进速度、推进质量均位居世界前列。

2018年12月，工信部向三大运营商发放5G频谱资源。2019年6月，工业和信息化部正式发放5G牌照，2019年成为中国5G商用元年，中国正式迈进第五代移动通信时代。截至目前，全国各省均已拨通首个5G电话。

3.7 中国实践：智慧城市

3.7.1 国家智慧城市试点计划

为探索智慧城市建设、运行、管理、服务和发展的科学方式，住房和城乡建设部于2012年11月22日下发《关于开展国家智慧城市试点工作的通知》，启动国家智慧城市试点工作。同时印发《国家智慧城市试点暂行管理办法》和《国家智慧城市（区、镇）试点指标体系（试行）》，对申报、评审、创建过程管理和验收等环节作出规定。

2012年以来，已公布三批国家智慧城市试点名单。其中，2012年住房和城乡建设部确定北京市东城区等90个城市（区、镇）为第一批试点；2013年住房和城乡建设部确定北京经济技术开发区等103个城市（区、县、镇）为新增试点，常州市新北区等9个城市（区、县、镇）为扩大范围试点；2014年，住房城乡建设部和科

技部共同组织开展国家智慧城市试点工作，并增加专项试点申报，最终确定北京市门头沟区等84个城市（区、县、镇）为新增试点，河北省石家庄市正定县等13个城市（区、县）为扩大范围试点，航天恒星科技有限公司等单位承建的41个项目为国家智慧城市专项试点。

2014年8月，国家发改委等八部委印发《关于促进智慧城市健康发展的指导意见》，提出城市人民政府要建立规范的投融资机制，通过特许经营、购买服务等多种形式，引导社会资金参与智慧城市建设，鼓励符合条件的企业发行企业债募集资金开展智慧城市建设。

3.7.2 地方实践案例

杭州市于2005年开始实施数字城管的探索和实践，以"速度最快、覆盖最广、功能最优"和"全国领先"为总目标，着力推进服务、创新、效能型智慧城管建设。2012年5月，浙江省人民政府发布了《关于务实推进智慧城市建设示范试点工作的指导意见》，正式将杭州"智慧城管"建设列为首批启动的13个示范试点项目之一，拉开了杭州全面推进智慧城管的序幕。

杭州市智慧城管以"一中心四平台"为建设主要内容，以"扩面扩容、提质、增效"为主要手段，发挥了在日常管理、应急管理、服务为民和科学决策方面的积极作用。十多年来，杭州市数字城管共立案交办城市管理问题1534.79万件（截至2018年8月底），解决1530.49万件，问题及时解决率从最初的26.7%提高到现在的98.87%。自2014年4月上线以来（截至2018年8月底），贴心城管APP共发布城管机构424个、公厕1950个、便民服务点461处、停车泊位1303处，响应市民服务请求2897万次，受理市民上报信息40571件。此外，杭州市依托全市572个社区城管服务室，利用智慧城管系统建立社、街、区、市"自下而上"的矛盾纠纷化解机制，引导社区城管服务室通过智慧城管系统实行社区问题的自我发现、自我处置。

从中国智慧城市的发展趋势来看，呈现出系统化、集成化、智慧化、便民化程度不断提高的趋势。不同专业的信息化系统之间逐渐融通，各种来源的数据通过共享、整合形成城市大数据，5G、人工智能、物联网等技术快速普及，显著提高了城市管理效率和城市居民生活工作的便利化程度。

图3-24 杭州智慧门店，实现"扫脸进店"和刷脸自动扣款等功能（许康平 摄）
（资料来源：中国新闻图片网）

第四章

生态文明与城市环境

生态文明建设

大气环境质量优化

水环境质量优化

土壤环境质量整治

中国方案：城市双修

>> 4

生态文明与城市环境

随着我国社会经济的不断发展，城市发生了翻天覆地的变化，社会大众的物质文化生活得到极大满足，对生态文明建设提出了越来越严格的要求。我国城市的环境质量是随着改革开放呈波浪式变动，经历了从良好、恶化到总体好转的演变过程。在新时代特色社会主义思想指引下，我国的生态文明建设不断向前推进，树立和践行了绿水青山就是金山银山的理念，建立国家公园体制、推动全国环保督查，通过保护生物多样性和森林植被维护生态安全，同时合理利用清洁能源应对气候变化及碳减排。大气、水和土壤环境逐步改善，城市空气质量达标天数有所上升，主要河流和湖泊的水质情况有所改善，城市黑臭水体得到逐步治理，土壤污染事故得到有效控制处理。同时为治理"城市病"，中国政府提出了"城市双修"方案，目前各地正在积极推动，已落实3批58个试点城市，从综合改善城市生态环境质量层面，探索更多复制、可推广的经验，更好的改善人居环境。总之，目前我国已进入环境保护理念逐步清晰、政策法规不断完善、环境质量持续改善的阶段，为建设美丽中国奠定了良好基础。

4.1 生态文明建设

4.1.1 改革开放四十年的生态文明建设发展历程

改革开放的四十年，是中国经济腾飞的四十年，也是环境质量波浪式变动的四十年：伴随改革开放的环境质量经历了从良好、恶化到总体好转的演进过程，现已进入环境保护理念逐步清晰、政策法规不断完善、环境质量持续改善的阶段。

（1）深化环境保护理念

我国坚持环境保护理念与国际同步，并成为全球生态文明建设的倡导者、推动者。环境保护是我国最早与国际接轨的领域，清洁生产、可持续发展、循环经济等均由环保领域专家和管理者引入并积极倡导。

（2）提出环境保护方针

环境保护基本方针政策从中国国情出发，至今已召开8次全国生态环境保护大会，针对不同时期存在的问题，提出了有效应对的基本方针。

不同时期的环境保护理念一览　　表4-1

时期	理念内容
1983年	环境保护确定为基本国策
1994年	国务院第十六次常务会议讨论通过《中国21世纪议程》，将"可持续发展"确定为国家发展重大战略
2003年	树立科学发展观、构建和谐社会的思想
2012年	建设美丽中国作为国家发展的重要目标之一
2017年	把生态文明建设提到了关系中华民族永续发展的根本大计的高度，提出加快生态文明体制改革，建设美丽中国

（资料来源：笔者自绘）

（3）完善环境保护法规

我国的环境保护法规不断完善，目前我国已成为国际上环境法规最齐全的国家之一。中国政府不断加大环境保护的执法力度，中央环保督察覆盖31个省区市，百姓关心的突出环境问题得到解决，对那些落实党中央决策部署不坚决、不彻底，对破坏生态行为不作为、乱作为等行为加强了问责。

（4）推动公众参与

持续的公众参与和积极行动。1993年，"中华环保世纪行"活动启动，成为我国公众参与和环境信

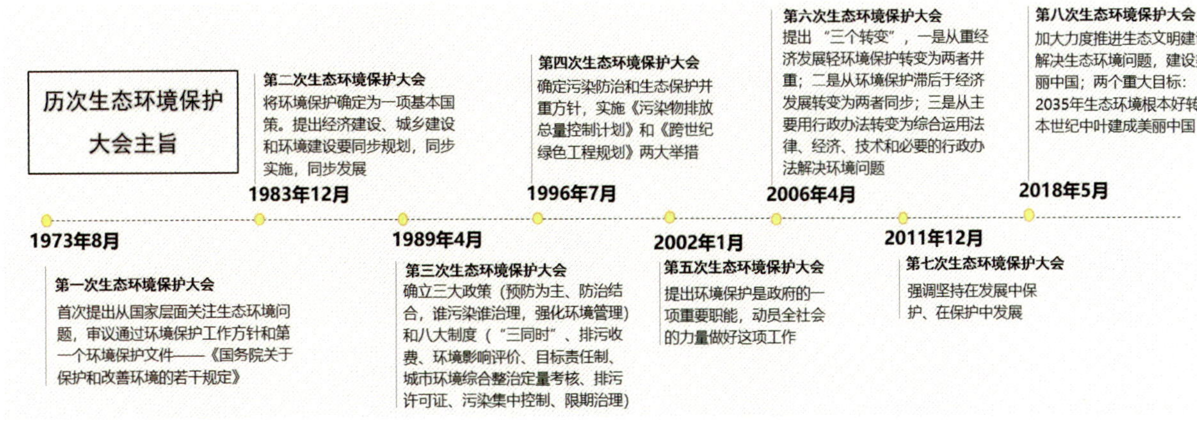

图4-1　历次生态环境保护大会主旨
（资料来源：笔者自绘）

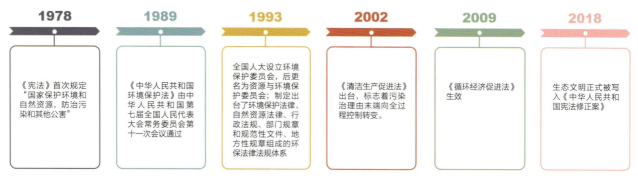

图 4-2 改革开放 40 年来环境保护相关立法的重要时间节点
（资料来源：笔者自绘）

息披露的重要途径。2005 年的圆明园湖底防渗工程，成为公众参与决策的标志性事件。绿色消费成为居民的优先选择。随着生态环保意识日益深入人心，生态意识上升为全民意识和自觉行动，从自己做起，从小事做起。开展光盘行动、推广节能家电、资源回收、减少一次性餐具等，勤俭节约、绿色低碳、文明健康的生活方式和消费观念正在形成。摒弃过度消费和用后即扔的不良习惯，捡垃圾的普通志愿者越来越多；绿色消费、低碳出行成为居民的自觉选择。环保社会组织和志愿者队伍得到规范健康发展，并依法开展生态环境保护公益诉讼等活动，节约资源、保护环境的社会氛围初步形成。

4.1.2 生态文明新时代特征：十九大报告、绿水青山就是金山银山理念

生态文明建设功在当代、利在千秋。近年我国生态环境质量持续好转，出现了稳中向好趋势，但由于环境保护全面发力时间较短、区域和行业发展不平衡、环境保护基础能力建设差异较大等原因，取得的成效并不稳固。为推进中国生态文明建设迈上新台阶，十九大报告提出建设生态文明是中华民族永续发展的千年大计，必须树立和践行绿水青山就是金山银山的理念。并指出加快生态文明体制改革，建设美丽中国，为中国特色社会主义新时代树立起了生态文明建设的里程碑，为推动形成人与自然和谐发展现代化建设新格局、建设美丽中国提供了根本遵循和行动指南。

4.1.3 生态环境改善与管理：国家公园体制、全国环保督察

（1）建立国家公园体制

建立国家公园体制是中国生态文明制度建设的重要内容。中国政府对建立国家公园体制提出了具体要求，强调"加强对重要生态系统的保护和利用，改革各部门分头设置自然保护区、风景名胜区、文化自然遗产、森林公园、地质公园等的体制"，"保护自然生态系统和自然文化遗产原真性、完整性"。2017 年 9 月，中国出台《建立国家公园体制总体方案》，设立青海三江源、湖北神农架、云南普达措、湖南南山、福建武夷山、浙江钱江源、北京长城、祁连山、大熊猫、东北虎豹等 10 个国家公园体制试点。

专栏 4-1　绿水青山就是金山银山

湖州"两山论"诞生地、中国美丽乡村建设的发源地、绿色发展的先行地，用扎实行动诠释了"绿水青山就是金山银山"。将"两山论"融入经济、政治、文化和社会建设的各方面和全过程，更加坚定地打造样板地。近5年来，湖州地区生产总值年均增长8.4%。2017年，共有23个主要经济指标增幅位居浙江省前4位；财政总收入首次突破400亿元大关；城乡居民人均可支配收入达49934元和28999元，分别增长9.0%和9.4%。获得全国文明城市、国家环保模范城市、国家园林城市、国家森林城市等荣誉。

安吉县天荒坪镇余村村口"绿水青山就是金山银山"巨石碑（何蒋勇 摄）
（资料来源：中国新闻图片网）

专栏 4-2　浙江"五水共治"

经过 10 年实践，浙江把"五水共治"作为贯彻"绿水青山就是金山银山"的突破口与切入点，把"绿水青山"作为最普惠的民生福祉，最公平的公共产品，不断改善生态环境质量。浙江"五水共治"是指"治污水、防洪水、排涝水、保供水、抓节水"的综合治理方式。在此期间，浙江整治黑臭河 4860 千米，共整治和淘汰存在问题的企业（作坊）6.4 万家，涌现了长兴铅蓄电池、浦江水晶、温岭鞋业、织里童装等一批"低小散"块状行业整治提升的典型。"绿水青山就是金山银山"科学论断引发的生态红利和生态理念在浙江大地裂变出强大正能量。

浙江义乌市苏溪江治水成果（吕斌 摄）
（资料来源：中国新闻图片网）

专栏 4-3　三江源国家公园

三江源国家公园体制试点是中国第一个得到批复的国家公园体制试点，面积12.31万平方公里，是目前试点中面积最大的一个。三江源是长江、黄河和澜沧江的源头地区。作为"中华水塔"的三江源，是我国重要的淡水供给地，年均出水量共600亿立方米，养育了超过6亿人口。三江源维系着中国乃至亚洲水生态安全命脉，是全球气候变化反应最为敏感的区域之一，也是中国32个生物多样性优先区之一，有野生维管束植物2238种，国家重点保护野生动物69种，占全国家重点保护野生动物种数的26.8%。

三江源地区湖泊（孙睿 摄）
（资料来源：中国新闻图片网）

（2）全国环保督察

2017年底，中国政府完成了首轮中央环境保护督察，实现了对全国31个省区市的全覆盖，解决了一大批生态环境问题，涉及垃圾、油烟、恶臭、噪声、企业污染以及黑臭水体等问题。第一轮督察共受理群众信访举报13.5万余件，累计立案处罚2.9万家，罚款约14.3亿元；立案侦查1518件，拘留1527人；约谈党政领导干部18448人，问责18199人。

（3）水源地环境整治

中国政府持续推进水源地环境问题整治工作，目标在2018年年底前，长江经济带县级及以上城市水源地、其他省份地市级水源地要完成排查整治任务，共涉及全国31个省（区、市）276个地市1586个水源地的6251个环境违法问题整治。通过清理整治，一大批影响水源地安全的环境问题得到有效解决，各省（区、市）已关闭、取缔水源保护区内的排污口180个，治理解决工业企业污染问题792个，有效整治码头和道路交通穿越问题686个，推动解决农村农业面源污染问题2260个。

4.1.4 生态安全：生物多样性、植被保护

（1）生物多样性保护

中国是世界上生物多样性最为丰富的国家之一，也是最早加入《生物多样性公约》的国家之一。2017年，中国政府启动实施多项生物多样性保护重大工程，针对珍稀濒危、极小种群野生植物开展野外救护和繁殖，建立440余个生物多样性观测样区，2017年新增17个国家级自然保护区，共建立463个国家级自然保护区。暂停下达2017年地方年度围填海计划指标，对沿海11个省（区、市）开展围填海专项督察。推进"蓝色海湾""生态岛礁"等生态修复项目，整治岸线70余千米，修复滨海湿地2100余公顷。2018年5月，中国发布了《中国生物多样性红色名录——真菌卷》和《2018年中国生物物种名录》。

（2）国家级自然保护区监督检查专项行动

中国政府开展了"绿盾2017"国家级自然保护区监督检查专项行动。该行动是中国建立自然保护区以来，检查范围最广、查处问题最多、整改力度最大、追责问责最严的一次专项行动。截至2017年底，共调查处理涉及446处国家级自然保护区的问题线索2.08万个，关停取缔违法企业2460多家，强制拆除违法建筑设施590多万平方米；追责问责1100多人，包括厅级干部60人，处级干部240人。完成问题整改超过1.31万个，约占发现问题总数的63%，其余问题均已建立台账，正在督促整改中。

（3）植被与森林保护

第八次全国森林资源清查数据显示，中国森林面积2.08亿公顷，森林蓄积151.37亿立方米，森林覆盖率21.66%，成为全球森林资源增长最快的国家。其中，人工林保存面积达6933万公顷，占全国林地面积的36%；人工林蓄积24.83亿立方米，占全国森林蓄积量的17%，人工林规模居世界首位。

图4-3 河北雄安新区举行2019年春季义务植树活动（韩冰 摄）
（资料来源：中国新闻图片网）

4.1.5 资源安全：资源保护、能源利用

（1）自然资源保护

中国政府组建了自然资源部，统一行使全民所有自然资源资产所有者职责，统一行使所有国土空间用途管制和生态保护修复职责，着力解决自然资源所有者不到位、空间规划重叠等问题，实现山水林田湖草整体保护、系统修复、综合治理。自然资源部的组建，标志着中国进入资源管理时代。

（2）水资源利用

为大力推动全社会节水、保障国家水安全，中国政府印发了《国家节水行动方案》，确定29项具体任务，目标到2035年，全国用水总量控制在7000亿立方米以内，水资源节约和循环利用达到世界先进水平。根据《2017年中国水资源公报》，2017年全国水资源总量为28761.2亿立方米，比多年平均值偏多3.8%，全国供水量6043.4亿立方米，较2016年总供水量增加3.2亿立方米，全国人均综合用水量436立方米，万元国内生产总值（当年价）用水量73立方米，城镇人均生活用水量22升/天，农村人均生活用水量87升/天。

（3）清洁能源利用

中国能源结构正由煤炭为主向多元化转变，能源发展动力正由传统能源增长向新能源增长转变。根据国家能源局公布数据显示，截至2017年底，全国发电装机总量累计达17.8亿千瓦，可再生能源发电装机容量达到约6.5亿千瓦。党的十八大以来，煤炭消费比重累计下降8.5个百分点，清洁能源消费比重大幅提升。2017年，非化石能源和天然气消费比重分别达到13.8%和7%，累计上升4.1和2.2个百分点；电能替代量达1000亿千瓦时以上，天然气替代量达300亿立方米；天然气产量约1500亿立方米，从世界第十八位上升至第六位。

（4）应对气候变化及碳减排

经过近年来的努力，中国已经初步扭转了温室气体排放快速增长的趋势，增速显著放缓。根据《中国应对气候变化的政策与行动2018年度报告》数据显示，2017年中国单位国内生产总值二氧化碳排放（碳强度）比2005年下降约46%，已超过2020年碳强度下降40%—45%的目标。非化石能源占能源消费比例达到13.8%，有望完成2020年达到15%的目标。森林蓄积量已经增加了21亿立方米，已超额完成了2020年的目标。2017年底，《全国碳排放权交易市场建设方案（发电行业）》发布，启动了中国碳排放交易体系，在7个省市开展了碳排放权交易试点工作。截至2018年11月，成交量达到2.7亿吨二氧化碳，成交金额超过60亿元。

专栏 4-4　北京平原地区基本实现无煤化

从2013年起，北京市正式启动了农村地区的"减煤换煤清洁空气"专项行动，到2017年实现了城区和南四区平原地区村庄的基本"无煤化"的工作任务目标，2018年又完成450个农村地区村庄住户"煤改清洁能源"任务。截至目前，北京平原地区基本实现无煤化，2963个村庄约110万农户告别了燃煤取暖，其中2279个村庄85.81万户实施"煤改清洁能源"（"煤改电"村庄1822个，占比80%；"煤改气"村庄457个，占比20%），另有684个村庄约25万户已完成拆迁上楼，主要采取集中清洁供暖。

4.2 大气环境质量优化

4.2.1 大气环境总体状况

（1）空气质量

根据《2018年中国生态环境状况公报》数据显示，2018年全国338个地级及以上城市中，有121个城市环境空气质量达标，占全部城市数的35.8%，比2017年上升6.5个百分点；217个城市环境空气质量超标，占64.2%，比2017年下降6.5个百分点。338个城市平均优良天数比例为79.3%，比2017年上升1.3个百分点；338个城市发生重度污染1899天次，比2017年减少412天；严重污染822天次，以$PM_{2.5}$为首要污染物的天数占重度及以上污染天数的60.0%，以PM10为首要污染物的占37.2%，以O_3为首要污染物的占3.6%。

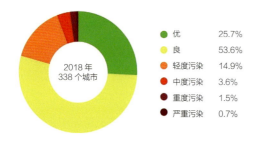

图4-4　2018年338个城市环境空气质量级别比例
（资料来源：2018年中国生态环境状况公报）

（2）污染物排放

PM2.5、PM10、O_3、SO_2、NO_2和CO浓度分别为39微克/立方米、71微克/立方米、151微克/立方米、14微克/立方米、29微克/立方米和1.5毫克/立方米，超标天数比例分别为9.4%、6.0%、8.4%、不足0.1%、1.2%和0.1%。与2017年相比，O_3浓度和超标天数比例均上升，其他五项指标浓度和超标天数比例均下降。

若不扣除沙尘影响，338个城市中，环境空气质量达标城市比例为33.7%，超标城市比例为66.3%；PM2.5和PM10平均浓度分别为41微克/立方米和78微克/立方米，分别比2017年下降6.8%和2.5%。

图4-5　2018年338个城市六项污染物浓度比例年际比较
（资料来源：2018年中国生态环境状况公报）

图4-6　2018年338个城市六项污染物超标天数比例年际比较
（资料来源：2018年中国生态环境状况公报）

（3）酸雨

2018年，酸雨区面积约53万平方千米，占国土面积的5.5%，比2017年下降0.9个百分点；其中，较重酸雨区面积占国土面积的0.6%。酸雨污染主要分布在长江以南—云贵高原以东地区，主要包括浙江、上海的大部分地区、福建北部、江西中部、湖南中东部、广东中部和重庆南部。全国降水pH年均值范围为4.34（重庆大足区）—8.24（新疆喀什市），平均为5.58。酸雨、较重酸雨和重酸雨城市比例分别为18.9%、4.9%和0.4%。

471个监测降水的城市（区、县）中，酸雨频率平均为10.5%，比2017年下降0.3个百分点。出现酸雨的城市比例为37.6%，比2017年上升1.5个百分点；酸雨频率在25%及以上、50%及以上和75%及以上的城市比例分别为16.3%、8.3%和3.0%。

图4-7 2018年不同降水pH年均值的城市比例年际比较
（资料来源：2018年中国生态环境状况公报）

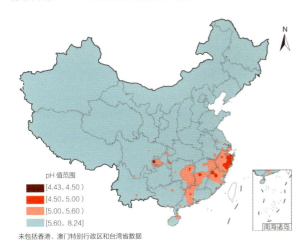

图4-8 2018年全国降水pH年均值等值线分布示意图
（资料来源：2018年中国生态环境状况公报）

4.2.2 雾霾分布与特征

2017年，全国大气环境进一步改善。根据中国气象局官网资料，年内全国共发生6次大范围霾天气过程、9次沙尘天气过程，均少于常年。全国平均霾日数为27.5天，比2016年减少10.5天，比2013年减少19.4天；京津冀、长三角、珠三角2017年平均霾日数分别为42.3天、53.3天、17.9天，比2016年减少18.1天、17.6天、3.2天，比2013年减少28.8天、35.7天、15.6天。全年大气NO_2、SO_2总量继续下降。

4.2.3 雾霾治理——国家"大气十条"执行情况、蓝天保卫战

根据《全国大气污染防治工作进展及建议》，2017年全国煤炭消费占一次能源消费比重比2012年下降超过8个百分点，煤炭占一次能源消费的比重由67.4%下降至60.3%。淘汰城市建成区10蒸吨以下、治理无望的燃煤小锅炉20余万台。全国燃煤机组累计完成超低排放改造7亿千瓦，占煤电装机容量的71%。各地淘汰落后产能和化解过剩产能钢铁2亿多吨、水泥2.5亿吨、平板玻璃1.1亿重量箱、煤电机组2500万千瓦等，1.4亿吨地条钢清零。

2018年6月，国务院印发《打赢蓝天保卫战三年行动计划（2018—2020年）》，要求到2020年，二氧化硫、氮氧化物排放总量分别比2015年下降15%以上；PM2.5未达标地级及以上城市浓度比2015年下降18%以上，地级及以上城市空气质量优良天数比率达到80%，重度及以上污染天数比率比2015年下降25%以上。

4.3 水环境质量优化

4.3.1 水环境质量总体状况

根据《2018年中国生态环境状况公报》数据显示，2018年，全国地表水监测的1935个水质断面（点位）中，Ⅰ～Ⅲ类比例为71.0%，比2017年上升3.1个百分点；劣Ⅴ类比例为6.7%，比2017年下降1.6个百分点。

2018年，长江、黄河、珠江、松花江、淮河、海河、辽河七大流域和浙闽片河流、西北诸河、西南诸河监测的1613个水质断面中，Ⅰ类占5.0%，Ⅱ类占

图 4-9 2018 年全国地表水水质类别年际比较
（资料来源：2018 年中国生态环境状况公报）

图 4-10 2018 年全国流域总体水质状况
（资料来源：2018 年中国生态环境状况公报）

43.0%，Ⅲ类占 26.3%，Ⅳ类占 14.3%，Ⅴ类占 4.5%，劣Ⅴ类占 6.9%。与 2017 年相比，Ⅰ类水质断面比例上升 2.8 个百分点，Ⅱ类上升 6.3 个百分点，Ⅲ类下降 6.6 个百分点，Ⅳ类下降 0.2 个百分点，Ⅴ类下降 0.7 个百分点，劣Ⅴ类下降 1.5 个百分点。

2018 年，监测水质的 111 个重要湖泊（水库）中，Ⅰ类水质的湖泊（水库）7 个，占 6.3%；Ⅱ类 34 个，占 30.6%；Ⅲ类 33 个，占 29.8%；Ⅳ类 19 个，占 17.1%；Ⅴ类 9 个，占 8.1%；劣Ⅴ类 9 个，占 8.1%。主要污染指标为总磷、化学需氧量和高锰酸盐指数。监测营养状态的 107 个湖泊（水库）中，贫营养状态的

图 4-11 2018 年全国流域总体水质状况年际比较
（资料来源：2018 年中国生态环境状况公报）

10 个，占 9.3%；中营养状态的 66 个，占 61.7%；轻度富营养状态的 25 个，占 23.4%；中度富营养状态的 6 个，占 5.6%。

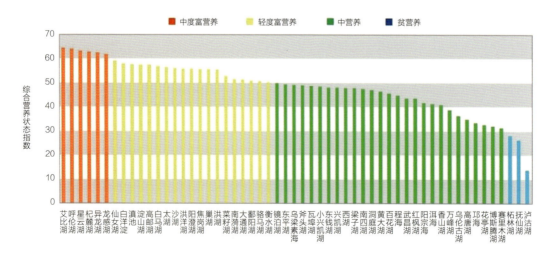

图 4-12 2018 年重要湖泊营养状况比较
（资料来源：2018 年中国生态环境状况公报）

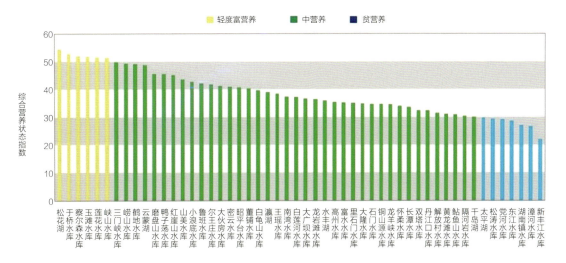

图 4-13　2018 年重要水库营养状况比较
（资料来源：2018 年中国生态环境状况公报）

4.3.2　重大水污染事故与污染控制处理

根据生态环境部公布数据显示，2017 年，全国共发生突发环境事件 302 起，较 2016 年下降 0.7%。其中，重大事件 1 起，同比减少两起；较大事件 6 起，同比增加 1 起；其余均为一般等级事件。重大突发环境事件为陕西省宁强县汉中锌业铜矿排污致嘉陵江四川广元段铊污染事件。

4.3.3　水环境管制——国家"水十条"目标要求、河长制落地

2015 年 4 月，国务院发布《关于印发水污染防治行动计划的通知》（水十条），要求到 2020 年，长江、黄河、珠江、松花江、淮河、海河、辽河等七大重点流域水质优良（达到或优于Ⅲ类）比例总体达到 70% 以上，地级及以上城市建成区黑臭水体均控制在 10%

专栏 4-5　嘉陵江水污染事件及处理情况

2017 年 5 月 5 日，嘉陵江广元段发生铊污染事件，西湾水厂饮用水水源地水质铊浓度超标 4.6 倍。广元市人民政府启动Ⅱ级应急响应，成立应急指挥部，部署开展应急供水、调蓄稀释、水厂工艺改造等各项应急处置工作，并与陕西汉中市联合对嘉陵江沿线干流、支流河道开展污染源头排查，通过采样监测、科学分析等工作，锁定肇事企业。本次事件应对的特点包括：强化预警，第一时间响应；区域联动，联合开展工作；科学分析，快速有序处置；及时公开信息，回应群众关切。

以内，地级及以上城市集中式饮用水水源水质达到或优于Ⅲ类比例总体高于93%，全国地下水质量极差的比例控制在15%左右，近岸海域水质优良（一、二类）比例达到70%左右。京津冀区域丧失使用功能（劣于Ⅴ类）的水体断面比例下降15个百分点左右，长三角、珠三角区域力争消除丧失使用功能的水体。到2030年，全国七大重点流域水质优良比例总体达到75%以上，城市建成区黑臭水体总体得到消除，城市集中式饮用水水源水质达到或优于Ⅲ类比例总体为95%左右。

2016年11月，中办、国办印发了《关于全面推行河长制的意见》，截至2018年6月底，全国31个省、自治区、直辖市已全面建立河长制，全国31个省、区、市所有江河的河长都明确到位，一共明确了省、市、县、乡四级河长30多万名，其中省级领导担任河长的有402人。各地建立了河长会议制度、信息共享制度、信息报送制度、工作督察制度、考核问责与激励制度、验收制度等6项制度，截至2018年7月，各省级河长已经巡河巡湖926人次，市、县、乡级河长巡河巡湖210多万人次。

4.3.4 城市水生态环境建设

2018年10月，经国务院同意印发的《城市黑臭水体治理攻坚战实施方案》进一步明确提出，"到2018

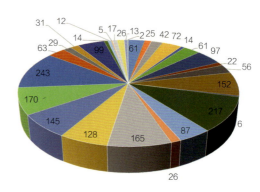

图4-14 各省已认定黑臭水体数量（不含港澳台）
（资料来源：http://www.hcstzz.com）

年底，直辖市、省会城市、计划单列市建成区黑臭水体消除比例高于90%，基本实现长制久清。到2019年底，其他地级城市建成区黑臭水体消除比例显著提高，到2020年底达到90%以上。鼓励京津冀、长三角、珠三角区域城市建成区尽早全面消除黑臭水体。"

截至2018年底，全国已认定黑臭水体总计数量2100个，其中完成治理的黑臭水体数量为1745个，治理中数量为264个，91个正在进行方案制定。完成治理的黑臭水体长度为6970.66千米，面积为1279.28平方千米，占比87%。

专栏4-6 北京玉带河整治

玉带河始于北京市通州区梨园南街，周边人口密集。由于污水直排、截污管道不完善，玉带河河水黑臭，让周边的居民望而却步。2017年，通州区政府开展了玉带河整治工程，与其他黑臭水体治理不同的是，玉带河整治方案更注重城市水体自然生态系统的综合功能包括水景观建设及生态修复、蓄滞洪区等建设内容。该项目将会突出文化传承，深入挖掘、保护与传承以大运河为核心的历史文化资源，改造和恢复玉带河的古河道和10座古码头等历史遗迹，充分体现中华文化基因。

专栏 4-7　城市水生态环境建设成效显著

回顾 40 年，我国城市水环境的演变经历了三个阶段，先后承受了粗放式发展带来的任性之果、黑臭之殇，在治理中不断求实，期望生态之合，重回鱼游之境。

1978—1998 年，在经历了改革开放初期粗放、快速的发展，我国水环境污染问题逐渐显现，地表水体质量恶化、污染加重，体现在逐渐严重的有机污染和湖泊富营养化，城市水体从清洁到黑臭。

1998—2012 年，在淮河治污"零点行动"影响下，城市水环境开启了全面治理时代。但是由于前期的欠账过多，这一时期的水环境治理收效甚微，城市水环境问题频发。

2013—2019 年，在中央城镇化工作会议之后，城市水环境以保护修复为主。在国家相关政策的引导下，从截污纳管、新建污水处理厂和现有污水厂的提标改造，再到海绵城市的建设、黑臭水体治理，城市水环境治理经历了由点到面的发展，由单一的厂发展到厂网一体、厂网河（湖）岸一体的系统治理，由截污治污为先，转变为生态修复为主的综合治理。经过一系列的治理，目前我国城市水质整体向好，总体满足人民对美好生活环境的需求。

2018 年 10 月及 2019 年 5 月，住房和城乡建设部、生态环境部、财政部组织专家通过现场答辩评审，确定 2018 年、2019 年 2 批共 40 个黑臭水体治理示范城市。通过实施城市黑臭水体治理，全国城市水生态环境质量逐渐向好，下一阶段的重点是推进未达治理目标的重点城市以及长江经济带地级以上城市黑臭水体整治。

4.4　土壤环境质量整治

4.4.1　土壤环境质量总体状况

根据《2018 年中国生态环境状况公报》数据显示，截至 2017 年底，全国共有农用地 64486.4 万公顷，其中耕地 13488.1 万公顷，园地 1421.4 万公顷，林地 25280.2 万公顷，牧草地 21932.0 万公顷；建设用地 3957.4 万公顷，其中城镇村及工矿用地 3213.1 万公顷。《2017 年中国生态环境状况公报》数据显示全国耕地平均质量等级为 5.09 等，其中评价为一至三等的耕地面积为 5.55 亿亩，占耕地总面积的 27.4%；评价为四至六等的耕地面积为 9.12 亿亩，占耕地总面积的 45.0%；评价为七至十等的耕地面积为 5.59 亿亩，占耕地总面积的 27.6%。

根据第一次全国水利普查成果，全国现有土壤侵蚀总面积 294.9 万平方千米，占普查范围总面积的 31.1%。其中，水力侵蚀 129.3 万平方千米，风力侵蚀面积 165.6 万平方千米。根据第五次全国荒漠化和沙化监测结果，全国荒漠化土地面积 261.16 万平方千米，沙化土地面积 172.12 万平方千米。

4.4.2　土壤污染事故与污染控制处理

2005 年 4 月至 2013 年 12 月，我国开展了首次全国土壤污染状况调查。根据《全国土壤污染状况调查公报》（2014 第一次全国土调），总体上全国土壤环境状况不容乐观，全国土壤总的超标率为 16.1%，其中轻微、轻度、中度和重度污染点位比例分别为

> **专栏 4-8　中国精细化工（泰兴）开发园区在长江岸堤内侧填埋危险废物**
>
> 2018 年 6 月，中共中央第四环保督察组在对江苏省泰州市下沉督察期间发现，泰州泰兴市对于 2016 年 7 月中央环保督察交办问题敷衍了事，中国精细化工（泰兴）开发园区（以下简称泰兴化工园区）在长江岸堤内侧填埋的包括大量危险废物在内的 3 万多立方米化工废料和其他固废。经调查，该区域面积近 1.1 万平方米，初步认定留化工废料等垃圾总量 31950 立方米，周边土壤和地下水均受到污染。上述问题已引起江苏省有关方面高度重视，已对相关责任人予以处分。

11.2%、2.3%、1.5% 和 1.1%。污染类型以无机型为主，有机型次之，复合型污染比重较小，无机污染物超标点位数占全部超标点位的 82.8%。从污染分布情况看，南方土壤污染重于北方；长江三角洲、珠江三角洲、东北老工业基地等部分区域土壤污染问题较为突出，西南、中南地区土壤重金属超标范围较大；镉、汞、砷、铅 4 种无机污染物含量分布呈现从西北到东南、从东北到西南方向逐渐升高的态势。

4.4.3　土壤环境改善——国家"土十条"目标要求

2016 年 5 月，国务院印发了《土壤污染防治行动计划》（土十条），要求到 2020 年，全国土壤污染加重趋势得到初步遏制，土壤环境质量总体保持稳定，农用地和建设用地土壤环境安全得到基本保障，土壤环境风险得到基本管控。到 2030 年，全国土壤环境质量稳中向好，农用地和建设用地土壤环境安全得到有效保障，土壤环境风险得到全面管控。到 21 世纪中叶，土壤环境质量全面改善，生态系统实现良性循环。到 2020 年，受污染耕地安全利用率达到 90% 左右，污染地块安全利用率达到 90% 以上。到 2030 年，受污染耕地安全利用率达到 95% 以上，污染地块安全利用率达到 95% 以上。

4.5　中国方案：城市双修

为治理"城市病"、改善人居环境，中国政府提出了"城市双修"方案，于 2017 年在各城市全面启动城市建设和生态环境综合评价，开始制定生态修复城市修补实施计划，推进一批富有成效的示范项目。"生态修复和城市修补"指用再生态的理念，修复城市中被破坏的自然环境和地形地貌，改善生态环境质量；用更新织补的理念，拆除违章建筑，修复城市设施、空间环境、景观风貌，提升城市特色和活力。截至 2018 年，中国政府公布了 3 批 58 个"城市双修"试点城市，以此探索总结更多可复制、可推广的"城市双修"经验。

4.5.1　地方实践

试点城市结合自身城市特色，通过"双修"工作推动供给侧结构性改革、补足城市短板、促进城市转型，取得了显著成效。但同时认识到"城市双修"工作未来依旧任重而道远，需要持续完善城市各项功能，满足市民需要，全面提升城市的宜居水平、安全韧性、繁荣活力和和谐包容性。

专栏4-9　三亚（第一批）双修实践

2015年，三亚成为全国"生态修复、城市修补"首个试点城市，立足城市综合环境建设及品质提升，解决三亚市的城市病问题。当地政府启动开展了18项重点工程，累计工程投资额约26亿元，包括城市内山、河、海、湿地生态修复工程，以及城市绿地和绿化带建设、广告牌治理、城市色调整理、城市夜景照明、城市天际线规划、城市建筑立面改造、违法建设治理等城市修补工程。在2015—2016年，总计拆除违法建筑约770万平方米，并向全市70多万常住居民宣传"城市双修"的目的和意义，在城市双修工作中作出了良好的示范作用。

海南三亚南山文化旅游区（陈文武 摄）
（资料来源：中国新闻图片网）

专栏 4-10　福州（第二批）双修实践

2017 年 3 月，福州入选全国第二批"城市双修"试点城市。福州市秉持对历史文化的敬畏和文脉的传承，打造特色历史文化街区，重现历史景观格局，实现城市文脉的延续与公园体系再造。试点开展以来，全市 107 条内河实施综合整治工程，已系统完成治理 86 条，水环境得到明显改善；上下杭、朱紫坊、烟台山等 3 个历史风貌区逐步修复并开放，启动 232 条传统老街巷的整治、保护工作，现已完成 113 条；实施 415 个老旧小区整治提升工程，目前已有 335 个老旧小区通过整治"亮了起来、通了起来、绿了起来、美了起来"。

修复改造后的上下杭历史文化街区（吕明 摄）
（资料来源：中国新闻图片网）

专栏 4-11　徐州（第三批）双修实践

2017 年 7 月，徐州市被列为全国第三批生态修复、城市修补试点城市。徐州以"城市双修"促进资源型城市的转型发展，结合城市功能转换，探索环境改善与城市转型发展的工作方法、技术路线与实施策略，探索走出资源型城市绿色转型发展的新路子。当地政府因地制宜开展双修工作，先后整治采煤塌陷地 9 万多亩，拓展新增耕地 3.5 万亩，全面完成市区故黄河、奎河等 8 条河流的综合治理；坚持棚户区改造和老旧小区整治并进，累计改造面积 3790 万平方米，解决近 20 万户棚户区家庭的住房问题。

4.5.2　绿色生态城区

中国正式启动绿色生态城市建设近 12 年，各地生态城市建设成果丰硕。根据《中国低碳生态城市发展报告 2018》数据显示，2007—2015 年间，中国公布绿色生态新区项目 139 个，2017—2018 年新增 6 个中国生态城市研究院国际合作项目。2017 年后，绿色生态城区发展重点融入了海绵城市和城市双修建设要求，同时凸显智慧城区建设。

中国绿色建筑取得了巨大的成就和进步，对中国及全球带来了积极的影响。根据《2017 年中国绿色建筑年度报告》数据显示，截至 2018 年，中国绿色建筑占城镇新建建筑的比例达到 40%。2005—2016 年间，国内 LEED（绿色能源与环境设计先锋奖）认证面积的年复合增长率高达 77%。截至 2017 年 8 月，累计认证面积已逾 4800 万平方米，足迹遍布 54 个城市。中国已经成为全球除美国本土外最大 LEED 认证市场国家。

专栏 4-12　南京河西新城绿色生态城区

2012 年初,河西新城开始打造绿色生态城区,经过多年建设实践,基本达到了生态城区建设的各项指标。绿色建筑方面,河西新城已取得绿色建筑设计标识的项目超过 100 万平方米,已建绿色建筑面积约 350 万,二星及以上建筑达到 76.2%;绿色交通方面,有轨电车开通一号线全长 7.76 千米,设有车站 13 座,与地铁公交完成换乘,建立实时、准确、高效的综合交通管理与出行服务系统,提升路网交通运行效率;绿色市政方面,河西建设青奥能源中心,提高可再生能源和清洁能源利用率;绿色环境方面,绿化覆盖率和人均绿地面积分别达到 48% 和 22 平方米。目前河西新城正在向区域集成示范发展,致力于综合管廊运营管理、海绵城市建设、建筑产业化、智慧城市建设、绿色建筑能效提升等方面。

南京河西青奥中心双子塔（南京国际青年文化中心）（泱波 摄）
（资料来源：中国新闻图片网）

>> 5

第五章

人文城市

植根历史的文化传承

以人为本的公共空间

中国方案：工业遗产保护与再利用

>> 5

人文城市

　　文化是一个国家、一个民族的灵魂。文化兴国运兴，文化强民族强。没有高度的文化自信，没有文化的繁荣兴盛，就没有中华民族伟大复兴。在快速城市化进程中，我国城市的发展建设面临着面貌趋同、记忆和文化消退等威胁，人类文化遗产和城市文化特色的保护进入了最紧迫、最关键的历史阶段。2018年12月，全国住房和城乡建设工作会议在北京召开，提出要推进人文城市建设，进一步加大历史文化名城名镇名村保护力度，推进既有建筑保留利用和更新改造，健全城市设计体系，加强建筑设计管理。

　　在全球化格局中，历史文化是城市软实力的重要组成部分，文化创新是城市转型与可持续发展的重要驱动力。在转型发展时期，每一座城市都必须以文化战略的眼光进行审视，在保护中发展、发展中保护，在城市全局发展中推动植根历史的文化传承。

　　城市文化与人的生活息息相关，关注文化发展还是城市建设从"以物为中心"向"以人为中心"的重要转变。因此，推进人文城市建设，不仅是对城市文化的传承和延续，也是贯彻以人为本建设理念的重要举措。在改革开放40周年之际，人文城市的规划建设理念深入人心，在全国范围内取得了令人鼓舞的成就。

5.1 植根历史的文化传承

2017年，在十九大报告中提出："要推动中华优秀传统文化创造性转化、创新性发展"，"加强文物保护利用和文化遗产保护传承"。2018年10月，习近平总书记在广州考察，谈到城市规划建设时强调，"城市文明传承和根脉延续十分重要，传统和现代要融合发展，让城市留下记忆，让人们记住乡愁。"

改革开放以来，我国历史文化保护制度与体系不断完善，尤其是1982年我国历史文化名城保护制度正式建立以来，我国在快速城镇化过程中保护了大量珍贵的历史文化遗产，在延续历史文脉、保护文化基因和塑造特色风貌中发挥了重要作用；同时，历史文化名镇名村和历史建筑保护工作取得了显著的成绩，世界遗产保护管理体系初建，在历史文化保护与传承实践中，文化遗产的保护利用与文化创新驱动成为展示城市底蕴、提升城市魅力的重要抓手。

5.1.1 整体保护，传承文明

我国的文化传统和历史文明源远流长，只有整体保护才能确保历史印记不流于片段，才能更加深刻、全面地保护遗产和传承文明。截至目前，国务院公布了134座国家历史文化名城，全国划定历史文化街区875片，确定历史建筑2.47万处。住房和城乡建设部、国家文物局公布了312个中国历史文化名镇、487个中国历史文化名村。当今，历史文化名城名镇名村成为历史文化遗产保护最综合、最系统的载体，历史文化街区划定工作成为扩大整体保护范围、加大保护力度的重要抓手，历史建筑成为创造性转化和发展传统文化的重要对象。

在中共中央、国务院批复的《北京城市总体规划（2016年—2035年）》中，提出构建全覆盖、更完善的历史文化名城保护体系，以及一直以来所呈现的老城整体保护理念，都是在努力将北京的历史文化遗产完整地交给下一代。

北京自1982年被公布为首批中国历史文化名城，其整体保护的理念便一脉相承，不断提升。《北京城市总体规划（2016年—2035年）》中，提出要以更开阔的视角、更长远的考虑和更严格的措施不断挖掘历史文化内涵，扩大保护对象，构建四个层次、两大重点区域、三条文化带、九个方面的历史文化名城保护体系，促进保护范围实现时空全覆盖、保护体系的结构更清晰、保护内容更全面、保护内涵更丰富。其中，四个层次是指要加强老城、中心城区、市域和京津冀四个空间层次的历史文化名城保护。两大重点区域是指加强老城和三

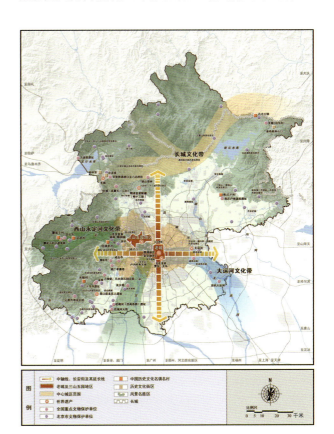

图 5-1　北京市域历史文化名城保护结构规划图
（资料来源：北京市城市规划设计研究院）

山五园地区两大重点区域的整体保护。三条文化带是指推进大运河文化带、长城文化带、西山永定河文化带的保护利用。九个方面是指加强世界遗产及文物、历史建筑及工业遗产、历史文化街区及特色地区、名镇名村及传统村落、风景名胜区、历史河湖水系和水文化遗产、山水格局与城址遗存、古树名木、非物质文化遗产的保护传承与合理利用。

老城，历来是北京历史文化名城保护的核心与重点。按照党中央、国务院对北京城市总体规划批复中所提到的"老城不能再拆，通过腾退、恢复性修建，做到应保尽保"要求，北京老城在强化两轴、四重城廓、历史水系与棋盘路网空间格局保护的基础上，不断扩大保护对象，增加历史文化街区保护范围，将历史建筑、传统胡同、历史街巷纳入保护体系。以历史文化遗产保护为依托，推进老城公共文化服务体系建设，提升遗产环境的景观品质，带动老城复兴。

2017年12月，住房和城乡建设部将北京市、广州市、苏州市、扬州市、烟台市、杭州市、宁波市、福州市、厦门市、黄山市列为全国首批10个历史建筑保护利用试点城市，旨在加强文化遗产保护传承，推动中华优秀传统文化创造性转化、创造性发展，并取得了一系列显著成效。

专栏 5-1　北京历史文化街区划定

自1993年至2005年，北京市政府先后公布了三批共43片历史文化街区，其中老城内33片，总面积约20.8平方千米，占老城总面积的33%，老城外10片。并有皇城、大栅栏、东四三片被列入首批中国历史文化街区名录。

2018年，为了落实新一版北京城市总体规划提出的"应保尽保"的保护原则，全面梳理老城内尚未纳入保护的现状成片平房区，逐一对其保护价值及保存状况进行评估；同时，对已公布的历史文化街区进行保护状况评估，并结合历史建筑、传统胡同保护名录的确定，形成进一步扩大历史文化街区保护面积的工作方案。

近期考虑对大栅栏、东四南历史文化街区在原有保护范围基础上进行扩展，将周边有价值的各类历史遗存纳入街区之中以实施整体保护，并新增新街口西、宣武门西等六处历史文化街区，总共增加近4平方千米。未来，还将有更多符合划定标准的剩余成片平房区作为历史文化街区进行保护，逐步强化老城的传统风貌本底，推进老城整体保护力度。

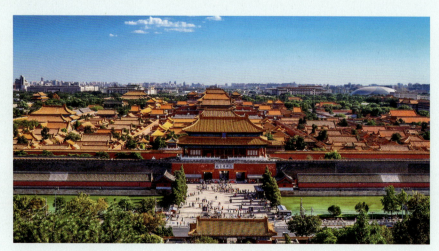

皇城历史文化街区鸟瞰
（资料来源：视觉中国）

阜成门内历史文化街区鸟瞰
（资料来源：视觉中国）

国子监历史文化街区 - 国子监街
（资料来源：视觉中国）

各市对潜在历史建筑开展了广泛的普查登记，建立了全面、系统、完整的历史建筑档案。如黄山市对全市不同时期、不同风格的民居建筑、生产建筑、近代公共建筑、工业建筑等潜在历史建筑普查共计 7438 幢，经过专家评估认定，最终确定 4845 幢历史建筑名单，经公示后由市、县政府正式公布；宁波市共普查入库历史建筑资源点 6500 余处，在已公布的 880 处历史建筑基础上，新公布历史建筑 402 处，历史建筑总数达 1282 处；杭州市通过摸底普查新增 4054 处进入历史建筑预备名录库，新公布历史建筑 355 处，待公布历史建筑数量新增 981 处。

除此之外，各市在完善法规和技术标准、构建全域规划框架、探索创新利用模式、建立配套政策机制等方面展开了广泛的探索，抢救了一批优秀传统和近现代优秀建筑，推动了一系列保护利用实践。

5.1.2 古今辉映，延续文脉

对历史文化遗存来说，守护不仅意味着原汁原味保护，更要融入现代生活，继续为城市发展和居民生活发挥作用。对城市来说，留住这些记忆不仅是为了传承文化、延续历史，也是为了更好地走向未来。城市更新中的文化觉醒与复兴，不断促进传统和现代的融合发展，是当下城市文明传承和根脉延续的重要力量。

城市建成区的文脉延续，往往需要使出绣花功夫，通过微更新最大限度保留地域的文化特色和生活场景，塑造出让市民感到亲切的独特气质。广州永庆坊位于老城区，其落后的基础设施和参差不齐的建筑质量使之不再适应现代发展和居住需求。但这里拥有广州最完整的骑楼街和最具特色的西关建筑文化，以及原著居民、商业与游客和谐共处的社会生态，蕴含着城市珍贵的文化

图 5-2　黄山市西递镇古建筑（张国彪 摄）

图 5-3　宁波第三批历史建筑－保国寺
（资料来源：汇图网）

记忆。为此，当地政府在当地居民、媒体、学者和文化组织的深度参与下，采用微更新的手法保留了老建筑的空间肌理、外部轮廓，仅对必要构件进行更新或修复，内部采用现代建筑材料，并完善街区生活设施，使该地区在保留原汁原味的老广州风貌、延续老西关集体文化记忆的同时，也能更好适应现代人的生活需求，促进新兴商业与原居住民生活的完美融合，得到了广州市民的广泛喜爱。泉州古城内藏匿着大量背街小巷，在传统快速化城市建设中同样面临衰败的威胁，为了使背街小巷重新焕发活力，泉州市以金鱼巷的微更新为入手点，开展探索。更新工作坚持"微干扰、低冲击"的原则，在不改变原居住民生活形态的前提下，开展了立面提升、管线下地、地面铺装、夜景优化、街道绿化、城市家具布置等工作，活化了老城街巷、改善了原居住民居住条件，也保留了不同历史阶段的空间片段。而参与这个项目的大都是古城当地专业人员，熟悉泉州古城的历史文化和古建筑，大部分工匠年龄都在50岁以上，经验丰富，处处彰显着闽南古建筑传统工艺，留住了百姓的乡愁记忆，也吸引了诸多游客前来体验闽南文化。

文脉延续既要关注到人，也需要让社会各类人群充分地参与到更新治理过程中，方能以更加温和的、更可持续的方式推动老城复兴。位于厦门老城区的沙坡尾是厦门最古老的港口，曾船厂、码头遍布，人丁兴旺、商业繁荣，疍民文化、渔港文化、手作文化和传统社区文化等资源丰富。但随着老城人口外流、基础设施老化和违法建设的无序生长，传统文化濒临失传，区域活力迅速衰退，沦落为城市的废弃地。并且在此后多轮的改造中，由于未能关注并聚焦于地区文化延续和社会民生困境，并未得到相关利益群体的认可，一时间改造难以推进。2016年，政府的角色发生了重大调整，由决策者、主导者转向推动者、参与者，成功搭建起以大学专业力量为主体的"沙坡尾共同缔造工作坊"，以此作为社会各界开展思考和探讨的平台，通过培育渔民为主体的文化群、整理沙坡尾历史及民俗口述史、挖掘老物件、开展公众咨询会、建立高效"社区服务学习工作坊"机制等形式，促进代表人文情怀的原居住民及社会力量积极参与到地区更新过程中。

同时，当地政府加强了对权力和资本进行监督及有效制约，探索形成一个由政府、市场、社会三种力量共同作用的城市空间治理结构，促进各利益方达成共识，推动更新进程与可持续发展。不仅最大限度地改善了原居住民的生活条件，使其分享到片区更新的红利，更是充分延续了沙坡尾的社会生态关系和历史文脉特色。

图 5-4　广州永庆坊实景照片（左）
（资料来源：汇图网）
图 5-5　泉州金鱼巷实景照片（右）
（资料来源：汇图网）

图 5-6　厦门沙坡尾实景照片
（资料来源：全景网）

5.2 以人为本的公共空间

2017年，住房城乡建设部先后公布了第一批和第二批共57个城市设计试点城市，这些城市在设置部门机构、建立制度规范、开展应用实践等方面取得诸多进展，推动了相关部门对城市各类公共空间的精细化设计与管理。城市设计体系不断完善、领域不断拓展、理念不断更新，尤其在街道空间的综合治理、滨水空间的贯通开放、新型空间的活力塑造和特殊空间的活化利用工作中亮点突出。

5.2.1 街道空间的综合治理

街道作为城市中各类空间要素布局最为集中的空间和城市公共活动最为频繁发生的场所，在过去几十年的发展过程中，街道建设与管理以提升机动车交通组织效率为主要导向，对街道功能的复杂性认识不足，对人的需求重视不够，导致街道空间乱象丛生、不再能够满足人们日益增长的公共生活需求。

近些年，街道在城市设计领域受到了前所未有的重视，成为城市更新治理的重要对象。基于"从以车优先转变为以人优先"导向的转变，十余个城市和地区的相关导则陆续出台，包括上海、南京、广州、深圳罗湖、北京、佛山、株洲、厦门、杭州、昆明等。《上海街道设计导则》首次探索街道设计理念的转变，推动社会各界达成共识；《广州市城市道路全要素设计手册》整合全要素规划设计标准，指导道路建设与改造过程中融入功能设计和景观设计，实现交通性道路向生活性道路的转变；《北京街道更新治理城市设计导则》则在创新规划统筹视角下聚焦城市更新与治理；《南京市街道设计导则》重点提出街道设计的实施策略，推动街道的人性化转型，塑造具有南京特色的城市形象。

同时，街道更新改造工作开展十分广泛，涌现出众多具有标杆示范意义的实践案例。上海杨树浦路作为滨江地区的重要交通干线，在其综合改造和更新过程中以历史保护与风貌提升为前提，突破了道路改造建设的惯常做法，注重整体保护两侧建筑、统筹考虑交通与风貌的协调关系、精细化设计街道断面而非采用标准断面，并通过缩减机动车道宽度至3.25米以保留大部分现状法国梧桐，从而充分保留了该地区的城市记忆、空间格局、街道尺度和历史遗存。不仅解决了沿路15万居民的出行和民生，更是推动了历史遗存与地区活力的相互促进、街道空间与公共活动的有机融合。

图5-7 杨树浦路实景图与规划设计改造图同角度对比
（资料来源：上海市规划和自然资源局）

5.2.2 滨水空间的贯通开放

在人类日益重视水环境的今天，城市滨水空间环境更新成为城市设计中的热点问题，滨水空间的更新成为改善城市景观、人居环境和促进城市经济发展的重要途径。近些年，国内诸多城市的滨水空间整治工作不仅着眼于水体治理与生态修复，更关注滨水空间的开放与复兴。

滨水空间整治首先在于形成连续贯通、开放可达的空间，意味着要重新组织滨水空间，并赋予滨水空间恰当的功能和宜人的品质，更为重要的是通过线性空间串联更多的文化资源，推动其保留、展示和再利用。上海黄浦江两岸贯通工程通过协调部队、央企、海关边检、国企等单位腾退（部分单位先腾让后协商），鼓励建设单位投资示范，开放贯通了45千米岸线空间，为市民开辟出连续贯通的跑步道、漫步道、骑行道和越来越多的亲水空间、城市客厅，并最大程度保留沿线的历史风貌和历史遗存，植入新的城市功能，培育新的城市文化。广州珠江两岸慢行系统规划通过公共空间整治与提升，形成了60千米长贯穿全线的珠江慢行路径系统——漫步道+慢跑步道+滨江自行车道；同时，通过增加公共空间带的宽度，提升沿江廊道的通视性和可达性，全

图 5-8　上海北外滩滨江绿地对外开放黄浦江两岸增添观光新视角（海牛 摄）
（资料来源：中国新闻图片网）

面优化沿江景观品质，并借此推动历史文化街区、历史建筑、工业遗产的保护、修复和活化，不仅留存了广州特色生活场景，更为沿江发展提供了创新动力。福州在左海－西湖连通工程以及陆庄河、茶亭河、洋里溪、牛浦河、龙津河、金港河上游段等河道整治的基础上，继续推进全市61条河道整治工作，总计建成400千米长的滨河绿道，在内河两岸形成串珠式公园绿地；同时，在串珠公园设计上，注重保留古树、古迹，打造生态驳岸，通过林荫广场、近水空间、服务设施等形式，让人既可以走起来，又可以停下来、留下来，通过加装健身器材、24小时图书馆等配套设施，提升居民的游园体验。

5.2.3 面向特定人群的空间营造

人们对公共空间的要求不断多元化，城市规划建设工作也在努力探索满足各类人群使用需求的空间类型。近几年的新型空间主要集中在体育休闲空间、儿童友好空间等。

随着人们健康休闲意识的萌发和对休闲生活的追求，以运动的方式休闲逐步成为当今市民休闲主流趋势之一，中共中央、国务院于2016年10月25日印发的《"健康中国2030"规划纲要》提出，"统筹建设全民健身公共设施，加强健身步道、骑行道、全民健身

图 5-9 广州珠江滨江岸线空间实景照片
（资料来源：汇图网）

中心、体育公园、社区多功能运动场等场地设施建设。"在此背景下，诸多城市以体育元素激发城市活力，在城市更新中加大体育休闲空间的建设力度。金华市浦江县在连接浦江东西部的要道210省道两侧建起生态廊道，在其中设计了18千米自行车道、12千米游步道和6.5千米栈道，并设置了5个运动球场，成为浦江独特的活力风景线。常州市太湖湾"体育休闲小镇"将体育休闲空间塑造、体育设施配套、体育训练基地建设等元素融入旅游规划设计中，人们在此可以开展赛龙舟、滑雪、垂钓、骑行等运动。与此同时，在北京、上海、成都、杭州等城市，一大批开放的半专业体育休闲场地涌现出来，这里面有社区主动建设的、商业主体建设的，也有事业单位体育场地和设施对外开放的，极大满足了公众对健康生活的空间需求。除此之外，高邮市、郴州市、洛阳市、扬州市、南宁市等众多城市政府投入力量建设体育休闲公园，引导居民在休闲游憩过程中参加体育运动，达到强身健体的目的、激发活力向上的城市公共氛围。

与此同时，儿童和老人也越来越受到城市建设者的重视，尤其是将儿童的根本需求纳入街区或城市的规划中。自2001年起，深圳市政府先后发布实施三轮儿童发展规划，并将"积极推动建设儿童友好型城市"纳入深圳市经济和社会发展"十三五"规划，2018年2月6日《深圳市建设儿童友好型城市行动计划（2018—2020）》发布，重点从"保安全、拓空间、促参与、强保障"四个方面提升儿童福祉，明确了促进儿童安全

图 5-10 天津体育公园万人健步行（张道正 摄）
（资料来源：中国新闻图片网）

图 5-11　深圳开展儿童友好城市规划建设
（任泳东 刘磊 摄）
（资料来源：深圳市城市规划设计研究院）

图 5-12 江西九江全省首条爱心斑马线（欧阳海员 摄）
（资料来源：中国新闻图片网）

保障、拓展儿童友好型空间、增强儿童参与实践、提升儿童社会保障、宣传推广儿童友好概念、研究儿童公共政策等六大行动任务。不仅如此，深圳市还选取了与儿童成长密切相关并最常去的社区、学校、图书馆、医院等领域作为试点，开展儿童友好型建设，制定相关领域儿童友好型建设指引，在全市推广。长沙市也已将儿童友好型社会创建纳入正在编制的《长沙2050远景发展战略规划》，并开展《儿童友好型城市规划导则研究》，制定长沙市儿童友好城市指引标准与建设导则。同时，选取市内10所小学，针对校园外复杂的周边环境，提出独立、连续、安全的上下学步行路径方案，消除安全隐患、缓解上下学高峰时间段交通拥堵。并采取多种形式让儿童参与到规划设计中，组织孩子们绘制爱心斑马线、步行巴士站、交通标识、市政井盖等绘画作品共290份，其中的优秀作品被用于实施方案中。

5.2.4 闲置空间的活化利用

建立设计与管理平台来汇集社会各界的智慧和力量，正在成为各城市协作式、渐进式地开展城市公共空间更新与活化的重要手段。在此过程中，基于广泛的调查和研究，各大城市不断探索特殊的空间类型，聚焦边角空间、桥下空间、弃置空间等城市灰色空间，促使其激活与再生，为城市提供了更多具有活力和品质的城市开放空间。

上海、北京、深圳等城市都通过组织设计竞赛建立多方参与平台，促进规划设计师走进社区，促成了诸多深受市民喜爱的小微空间改造实施实例。由深圳市城市设计促进中心发起的跨界设计竞赛平台"深圳小美赛城市微设计"，利用居民议事会机制优势，从小处着手，基于社区公众的需求，有针对性地开展各类小微公共空间的提升设计和改造实施，在社区和规划设计师之间建立良好的长期合作关系。

在此过程中，高架桥下的闲置空间进入政府和公众视野，一面是城市中心城区用地资源的紧缺，一面是市民对公共活动空间越来越高的需求，高架桥下空间的利用问题成为社会探讨与实践的焦点。广州将其奥林匹克中心附近的环路高架桥下空间改造为足球场、篮球场、羽毛球场、溜冰场等运动场地，为周边居民和运动爱好者提供了廉价充足的运动设施；温州将其高速公路的高架桥下空间改造为运动场地、文化园地、百姓舞台和休憩空间，为周边社区带来了多元的活力空间。

随着城市工业发展的迭代，曾经助力工业化发展的铁路逐渐退出历史舞台，废弃的铁路也成为塑造城市特色公共空间的重要对象。天津、厦门将废弃铁路沿线空间进行提升，开放为城市线性公园，分别形成了天津绿道公园和厦门铁路公园；广州在提升铁路沿线公共空间品质的基础上，还在其周边的厂房中植入一定的设施和功能，来激发工业遗产的文化价值，带动周边地区的改造更新，提升城市活力。现如今，废弃铁路空间更新路径渐渐成熟，成为资源型城市转型的重要切入点。

图 5-13　深圳小美赛中的龙岭社区游乐场微修复成果
（资料来源：深圳市城市设计促进中心）

图 5-14　厦门铁路公园
（资料来源：汇图网）

图 5-15　北京海淀五路居铁路公园
（资料来源：笔者自摄）

5.3 中国方案：工业遗产保护与再利用

进入 21 世纪，我国开始了从"文物保护"到"文化遗产保护"的历史性转型。2005 年，国务院印发了《关于加强文化遗产保护的通知》，这是第一次在国家层面的文件中以"文化遗产"的概念代替"文物"的概念，工业遗产随之步入保护视野。

回顾改革开放至今，我国工业发展创造了伟大的物质财富，同时产生了辉煌的精神文明财富。随着经济社会发展和产业模式的更迭，传统工业经历了从繁荣到萧条再到转型升级的过程，我国工业遗产保护工作也历经了萌芽、讨论、探索和蓬勃发展的历程，在近些年更是成为城市更新建设的焦点。

5.3.1 国家办法与名录出台：中国工业遗产保护名录（第一批、第二批）

2018 年 1 月 27 日，中国科协创新战略研究院、中国城市规划学会正式公布中国工业遗产保护名录

专栏 5-2　改革开放 40 年，我国工业遗产保护发展的历程

- 自改革开放以来，在我国经济转型发展需求下，在经济发展较为领先的城市中，传统工业开始逐步退出历史舞台，许多工业厂房、机械设备和设施等不再具有生产意义，面临废弃或拆除，触发了人们对于昔日工作生活场所的深刻情感。

- 至 20 世纪末，我国文化产业迅猛发展，废弃的工业厂房、园区因其低廉的租赁价格、便利的地理位置和工业特色风格的建筑称为文化创意产业的载体，诸多针对工业建筑和工业厂区的探索式改造卓有成效，如北京的 798、上海的田子坊、广州的中山岐江公园等，产生较大的国际影响，也引发了社会对废弃厂房"拆与不拆"的热烈讨论。

- 2006 年 4 月，"中国工业遗产保护论坛"在无锡召开，会上通过了《无锡建议——注重经济高速发展时期的工业遗产保护》，同年 6 月由国家文物局正式发布，称为中国工业遗产保护和研究的纲领性文件，也是我国工业遗产研究工作的重要起点，"工业遗产"概念正式走进中国视野，各地政策不断发布，相关学术研究和实践探索呈现指数增长。

- 2007 至 2011 年间，国务院开展的第三次全国文物普查工作中，"工业遗产"作为专题提出，极大调动了各省市挖掘工业遗产的积极性，对于工业遗产的认可程度也逐步提高。

- 2010 至 2015 年间，国家文物局、住建部、工业和信息化部、人民政协、科协等系统下进行工业遗产研究和保护的相关工作组织和机构逐步建立，推动了传统老工业基地转型升级，促使工业、信息化及其融合发展成为工业遗产保护和再利用的新型道路。

- 随着工业遗产概念的逐步清晰，及其保护、研究和管理的组织机构日渐完善，工业遗产凸显出自身特有的价值范畴和文化意义，2018 年 1 月 27 日，中国科协、中国城市规划学会正式发布了中国工业遗产保护名录（第一批），总共 100 个项目覆盖了造船、军工、铁路等门类。2019 年 4 月 12 日，中国工业遗产保护名录（第二批）正式发布，包含各类工业遗产 100 家。

（第一批），江南机器制造总局、汉阳铁厂、京张铁路等 100 个项目入选（详见附表 1-1）。这批名录包含了创建于洋务运动时期的官办企业，也含有中华人民共和国成立后的"156 项"重点建设项目，总体上覆盖了造船、军工、铁路等多个门类，是具有代表性、突出价值的工业遗产。2019 年 4 月 12 日，中国工业遗产保护名录（第二批）正式发布，包含各类工业遗产 100 家（详见附表 1-2）。这批名录覆盖了洋务运动时期到"三线"建设时期的重要遗产项目，涵盖了采矿、冶金、军工、交通、机械、轻工等行业领域。

两次中国工业遗产保护名录的发布，明确了 200 个遗产项目，不断扩展工业遗产的内涵，加大工业遗产认定的时间跨度，不仅有助于保存完整、丰富的工业文明印记，也为新时代工业遗产价值发掘与保护利用工作奠定了坚实的基础。

在当前城市发展方式转型、经济发展升级的关键时期，工业遗产保护的价值不断凸显。长期以来，工业是城市发展的核心要素，工业遗产也已成为城市文化的重要基因，如何做到基因传承，是一个亟待探索的新课题。在遗产活化利用过程中，整体性、系统性的思维非常重要，应重点从城市特色风貌入手，关注产业发展和功能优化，让工业遗产融入当代生活，使其成为公众日常生活的重要组成部分。

5.3.2 地方实践：北京首钢工业遗产的整体保护与更新

首钢老工业基地的前身是始建于 1919 年的"官商合营龙烟铁矿股份有限公司"，发展至今已有百年历史，是共和国钢铁工业的摇篮和中华人民共和国改革开放的旗帜。20 世纪末，随着后工业化时代的到来和首都污染治理工作加大力度，首钢的发展遇到了前所未有的挑战。2005 年，为了首都的蓝天，首钢老工业区的钢铁生产功能主动搬迁至唐山曹妃甸；2010 年，首钢全面停产，开始探索全面转型发展的路径。

规模庞大的钢铁工业老厂区，既是一道难题，也是一笔价值可观的宝贵遗产。首钢工业遗产的保护和更新确定了环境改善、文化保护、经济社会协同提升等多目标的转型发展策略。为了改变基底条件，首钢坚持减量增绿，退工还绿，规划形成约 1.8 平方千米的永定河滨河景观带，展现城市山－水－工业遗产交融的特色景观。在此基础上，首钢将产业转型与城市创新发展结合，以绿色生态为基本理念，建设了五十年暴雨零影响的海绵系统，实现了建筑垃圾资源化率达到 90%，绿色建筑达到 100%，开展了智能停车建设运营、污染土环境治理等项目，在 2016 年成为中国第一个、全球第 19 个 C40[①] 正气候项目。这些工作使首钢由特大型钢铁企业成功转型为城市综合服务商，并在此过程中，实现了近万名留守职工的再就业，确保了转型过程中社会经济的稳定发展。

即将举办的 2022 年北京冬奥会，为首钢发展注入了更强的活力。2015 年，冬奥组委落户首钢，将工业资源活化利用为冰雪体育休闲设施，建设了国家冬季运动训练中心，承接体育科技、体育传媒、体育创意等高端"体育＋"产业，致力于打造国家体育产业示范区。同时，在规划设计团队和首钢实施主体的共同推动下，实施了筒仓创意空间、高炉博物馆、工业遗址公园、脱硫车间智能中心等项目，创造性的保护利用工业遗存，激发了后工业时代的场地活力。

---

① C40 城市集团是一个致力于应对气候变化的国际城市联合组织，包括中国、美国、加拿大、英国、法国、德国、日本、韩国、澳大利亚等各国城市成员。

图 5-16 新首钢实景图
（资料来源：笔者自摄）

图 5-17 新首钢冰雪体育运动设施实景图（富田 摄）
（资料来源：中国新闻图片网）

5.3.3 地方实践：景德镇近现代陶瓷工业遗产综合保护开发

景德镇是一个因传统陶瓷产业繁荣的古老城市，也是一座享誉海内外的现代陶瓷工业城市。这里曾经瓷窑遍地，工厂林立，直至 20 世纪 90 年代中后期，大批瓷窑、工厂因老工业衰退而被迫关停，退出了历史舞台。长期以来，老城的大量旧厂区一直处于废弃状态，导致城市中出现了很多功能"黑洞"。

2017 年 3 月，景德镇入选全国第二批"城市双修"试点城市，当地政府全力推动生态修复、城市修补和城市多元创新发展相融合，同时注重将国家历史文化名城保护与城市的高品质发展目标有机结合在一起，将老厂区的保护及更新、改造纳入整个城市发展规划，对景德镇 14 个老厂区的环境进行整治并重新进行产业定位。老厂区的改造秉持尽量保留遗址现状、恢复形态、修旧如旧的原则，充分留存了陶瓷工业发展文化，复修后的徐家窑变成陶瓷非遗传承的重要场所，成为景德镇瓷业遗产网络中不可或缺的重要组成部分；整治后的宇宙陶瓷厂通过对保留建筑的舒适性改造，改建为博物馆和美术馆，并保留了窑厂的风貌本色；周边的其他厂房在改造过程中，成为了与餐饮和艺术展览有关的新空间，实现了历史场所与时代气息的融合。

厂区在改造过程中，始终遵循将历史文化、城市现状与社区环境紧密结合的原则，通过传承技艺、

图 5-18　陶溪川工业遗产博物馆
（资料来源：汇图网）

图 5-19　景德镇陶瓷工业遗产博物馆（钟欣 摄）
（资料来源：中国新闻图片网）

留存社区记忆、现代化改造等多种手段，极大地带动了整个景德镇的产业创新发展，振兴了城市经济。更为重要的是，通过改造，这里成为了一个年轻、开放的国际社区，为当地市民提供了一批高质量的休闲场所。

5.3.4 地方实践：上海上生·新所的再开放利用

一百年前，上生·新所曾是外籍侨民休闲娱乐的场所，中华人民共和国成立后上海生物制品研究所将办公地点搬至此地，近70年未向公众开放。园区内有3处历史保护建筑、11栋贯穿中华人民共和国成长史的工业建筑和4栋风格鲜明的当代建筑共同组成。这里的老建筑，连同周围番禺路、新华路上的老式花园洋房一起，代表着老上海人记忆中的城市面貌。

园区内的空间格局得到了最大限度的保留，建筑也进行了原汁原味的修复，甚至还原了历史上的室内风格，如原哥伦比亚总会俱乐部保留了当时的健身房和游泳池，"麻腮风大楼"也保留了独具特色的包豪斯建筑风格，局部改造窗户尺寸以适应新的功能需求。

图5-20　上海上生·新所公共空间实景照片
（资料来源：汇图网）

这些不同历史时期留存下来的高水准建筑艺术作品展示了各个时代的生活与工作记忆。在植入全新的功能之后，建筑与其所容纳的多样化的生活方式共享共生，在传承历史文脉、提升土地效能的同时，遗产改造项目还给当地市民带来了1.25万平方米的公共空间和7000平方米的公共服务设施，这在上海城市中心区显得尤为珍贵，为城市中心地区的工业遗产改造提供了一个全新的思路。

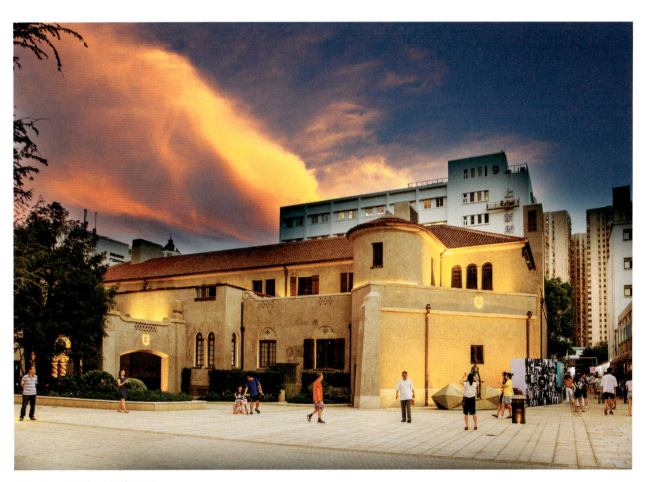

图 5-21　上海上生·新所孙科故居
（资料来源：汇图网）

第六章

乡村振兴与扶贫攻坚

乡村振兴战略

脱贫攻坚

改善农村人居环境

小城镇建设与特色化发展

中国乡村实践

>> 6

乡村振兴与扶贫攻坚

自改革开放至今，中国的快速城镇化进程对社会经济的发展发挥了重要作用，但农业、农村、农民问题带来的挑战和矛盾也在不断加深。城乡之间要素合理配置、流动机制不健全，农业供给质量亟待提高，农民适应生产力发展和市场竞争的能力不足，农村生态环境问题突出等问题仍然是实现现代化的薄弱环节。2012年中共十八大提出了新型城镇化战略，强调以人的城镇化为核心，提高城镇化的质量。2017年中共十九大进一步将乡村振兴上升为国家战略，提出农业农村优先发展是新时期中国现代化建设的重要任务。走一条中国特色的新型城镇化道路，解决好农业、农民和农村问题，是国家现代化建设的重要选择，通过乡村振兴战略促进城乡融合发展是中国现代化和新型城镇化的基石。

中国的乡村振兴实践具有多维度与层次性的特征。首先，贫困是农业、农村、农民问题最大的挑战，近年来中国政府将扶贫攻坚作为补短板的最重要任务，取得积极成效，并由"扶贫"延伸到"扶智"和"扶志"，在民生获得基本保障的同时更加关注人的发展，为世界减贫事业提供了中国智慧。其次，将改善乡村人居环境品质作为乡村振兴的基础，是树立本土发展信心，助推乡村地区可持续发展的重要路径。第三，推进小城镇建设与特色化发展，是中国基于现阶段发展特征，在推动城乡融合、促进乡村地区发展的方面开展的实践。与时俱进的政策导向与因地制宜、不断创新地方实践样本相辅相成，共同构成了近年来中国实施乡村振兴战略的重要经验。

6.1 乡村振兴战略

6.1.1 乡村振兴战略与实施路径

2017年10月，中共十九大提出"乡村振兴战略"，坚持农业农村优先发展，按照"产业兴旺、生态宜居、乡风文明、治理有效、生活富裕"的总要求，建立健全城乡融合发展体制机制和政策体系，加快推进农业农村现代化。

2018年1月中国政府发布《关于实施乡村振兴战略的意见》，进一步深化阐述了乡村振兴战略的背景，分析当前乡村发展中的问题，将实施乡村振兴战略分为三个阶段：到2020年乡村振兴取得重要进展，整体制度框架和政策体系基本形成；到2035年乡村振兴取得决定性进展，农业农村现代化基本实现；到2050年乡村全面振兴，农业强、农村美、农民富全面实现。乡村振兴战略的核心包括完善农村基本经营制度；深化农村土地制度改革；深化农村集体产权制度改革；确保国家粮食安全；完善农业支持保护制度；促进农村一二三产业融合发展；健全乡村治理体系；培养"三农"工作队伍等。

整个战略的实施路径将从各个方面展开，包括重塑城乡关系，巩固和完善农村基本经营制度，深化农业供给侧结构性改革，坚持人与自然和谐共生，传承发展提升农耕文明，创新乡村治理体系，打好精准脱贫攻坚战等，并且以推动乡村的产业、人才、文化、生态和组织振兴等五大方面为着力举措。

乡村振兴战略规划主要指标　　　　表6-1

分类	序号	主要指标	单位	2016年基期值	2020年目标值	2022年目标值	2022年比2016年增加[累计提高百分点]	属性
产业兴旺	1	粮食综合生产能力	亿吨	>6	>6	>6	—	约束性
	2	农业科技进步贡献值	%	56.7	60	61.5	[4.8]	预期性
	3	农业劳动生产率	万元/人	3.1	4.7	5.5	2.4	预期性
	4	农产品加工产值与农业总产值比	—	2.2	2.4	2.5	0.3	预期性
	5	休闲农业与乡村旅游接待人次	亿人次	21	28	32	11	预期性
生态宜居	6	畜禽粪污综合利用率	%	60	75	78	[18]	约束性
	7	村庄绿化覆盖率	%	20	30	32	[12]	预期性
	8	对生活垃圾进行处理的村占比	%	65	90	>90	[>25]	预期性
	9	农村卫生厕所普及率	%	80.3	85	>85	[>4.7]	预期性
乡风文明	10	村综合性文化服务中心覆盖率	%	—	95	98	—	预期性
	11	县级及以上文明村和乡镇占比	%	21.2	50	>50	[>28.8]	预期性
	12	农村义务教育学校专任教师本科以上学历比例	%	55.9	65	68	[12.1]	预期性
	13	农村居民教育文化娱乐支出占比	%	10.6	12.6	13.6	[3]	预期性
治理有效	14	村庄规划管理覆盖率	%	—	80	90	—	预期性
	15	建有综合服务站的村占比	%	14.3	50	53	[38.7]	预期性
	16	村党组织书记兼任村委会主任的村占比	%	30	35	50	[20]	预期性
	17	有村规民约的村占比	%	98	100	100	[2]	预期性
	18	集体经济强村比重	%	5.3	8	9	[3.7]	预期性

续表

分类	序号	主要指标	单位	2016年基期值	2020年目标值	2022年目标值	2022年比2016年增加[累计提高百分点]	属性
生活富裕	19	农村居民恩格尔系数	%	32.2	30.2	29.2	[-3]	预期性
	20	城乡居民收入比	—	2.72	2.69	2.67	-0.05	预期性
	21	农村自来水普及率	%	79	83	85	[6]	预期性
	22	具备条件的建制村通硬化路比例	%	96.7	100	100	[3.3]	约束性

注：本指标体系和规划中非特定成为的"村"均指村民委员会和涉农居民委员会所辖地区。
（资料来源：乡村振兴战略规划（2018—2022年））

6.1.2 政策推动促进城乡融合发展

2018年9月，中国政府在《乡村振兴战略规划（2018—2022年）》中提出了构建乡村振兴的空间新格局，完善城乡融合发展政策体系的推进措施。通过这一顶层设计，促进城乡一体化发展，从而缩小国家内部的差距；同时通过结构性转型，迈向环境可持续发展目标。

乡村振兴新格局强调的是统筹城乡国土空间开发，优化乡村生产、生活和生态空间，分类推进乡村振兴。城乡布局结构首先以城市群为主体构建大中小城市和小城镇协调发展的城镇格局，增强城镇地区对乡村的带动能力；其次，加快发展中小城市，完善县城综合服务功能，推动农业转移人口就地就近城镇化；第三层次是因地制宜发展特色小镇和小城镇，以镇带村、以村促镇，推动镇村联动发展；第四层次是建设生态宜居的美丽乡村，发挥多重功能，提供优质产品，传承乡村文化，留住乡愁记忆，满足人民日益增长的美好生活需要。

除了物质空间政策以外，城乡融合发展政策包含了与乡村振兴相关的人才、土地、资金等方面的政策，并且强调这些要素的城乡双向流动性特征。有关人才的政策中强调加快农业转移人口市民化，同时通过鼓励社会人才投身乡村建设等推动乡村人才振兴。农村土地制度改革继续推进，一方面建立健全依法公平取得、节约集约使用、自愿有偿退出的宅基地管理制度，另一方面推动集体经营性建设用地入市，赋予其出让、租赁、入股权能。资金政策以财政优先保障为核心来反哺农村建设与发展，同时激发社会投资的动力和活力，并将金融资源配置到农村经济社会发展的重点领域和薄弱环节。

6.1.3 规划引领乡村振兴发展

乡村振兴战略始终强调了规划的引领作用。推进城乡统一规划是构建乡村振兴新格局，统筹城乡发展的重要举措之一。现阶段的规划任务包括统筹谋划城乡产业发展、基础设施、公共服务、资源能源、生态环境保护等主要布局，形成田园乡村与现代城镇各具特色的城乡发展形态；强化县域空间规划等引导约束作用，科学安排县域乡村布局、资源利用、设施配置和村庄整治，推动村庄规划管理全覆盖；综合考虑村庄演变规律、集聚特点和现状分布，结合农民生产生活半径，合理确定县域村庄布局和规模；加强乡村风貌整体管控，注重农房单体个性设计，建设立足乡土社会、富有地域特色、承载田园乡愁、体现现代文明的乡村，防止乡村景观城市化等。

自2018年9月国家住房和城乡建设部开始在全国范围内推动"设计下乡"工作，引导和支持规划、建筑、景观、市政、艺术设计、文化策划等领域设计人员下乡服务，结合地方实际和村庄需求，解决农村人居环境突出问题，更重要的是促进乡村社区的能力建设。"设计下乡"工作推行的是一种充分尊重村民意见，实践决策共谋、发展共建、建设共管、效果共评、成果共享的陪伴式服务，并且注重挖掘培养乡村工匠等本土人才。

2019年2月，在此项工作的基础上将"共谋、共建、共管、共评、共享"的服务形式推广到城乡社区，在城乡人居环境建设和整治中开展美好环境与幸福生活"共同缔造"活动，在改善了人居环境的同时促进形成协商共治的城乡治理体系。

专栏6-1　首届全国"绿点大赛"聚焦乡村振兴

"绿点大赛"是绿色发展科技创新大会的四大板块之一，2018年由中国城市规划学会、四川省住房和城乡建设厅与遂宁市人民政府主办，主题为"乡村振兴、聚落更新"，旨在遂宁创作一批优秀乡村聚落的规划设计方案，力争成为遂宁乃至全国乡村聚落更新的示范和样本。2018年1月经实地踏勘遴选6个各具特色的村庄作为竞赛基地，自4月开始规划设计工作，于8月完成后进行方案评选。来自全国21所高校600余名师生历时4个月共同完成了106份设计作品，最终评选出56份获奖作品。这些规划设计将为下一步的具体建设工作提供实用性的建议。

大赛颁奖

作品展示与推广

参赛师生深入乡村基地进行实地踏勘研究

（资料来源：中国城市规划学会）

专栏 6-2 "布袋"教授逆行乡村七载指导村庄建设

来自同济大学建筑与城市规划学院城市规划系主任杨贵庆教授自 2013 年以来连续七年带领师生团队在浙江省台州市黄岩区西部山区进行乡村调研与实践。这七年间杨教授及其团队前往黄岩乡村 150 余次，在黄岩区的屿头乡沙滩村、宁溪镇乌岩头村等多个村庄指导建设，让原本衰败的村子焕发新生。在实践的基础上，杨教授带领团队凝练出具有特色的"新乡土主义"规划理论以及"乡村振兴工作法"刊登于新华社《财经国家周刊》，其事迹被多家国家级媒体报道，如中央电视台新闻调查"教授下乡"专题报道等。这七年的乡村"逆行"为中国乡村振兴战略的实施提供了鲜活的"黄岩样本"。

黄岩乡村景象：改造前为破旧房屋

黄岩乡村景象：改造后注入现代功能

杨教授于黄岩区屿头乡指导乡村建设

杨教授于黄岩区宁溪镇指导乡村建设

黄岩区屿头乡沙滩村沙滩老街鸟瞰

（资料来源：浙江省台州市黄岩区屿头乡党委、宁溪镇党委、同济大学）

6.2 脱贫攻坚

作为世界上最大的发展中国家，中国一直是世界减贫事业的积极倡导者和有力推动者。改革开放40年来，中国创造了扶贫史上的巨大成就，为全球减贫事业贡献了中国智慧和中国方案。至2018年底，全国农村贫困人口[①]从2012年年末的9899万人减少到1660万人，贫困发生率从2012年的10.2%下降至1.7%。全国"建档立卡"认定的贫困村从12.8万个减少到2.6万个，832个贫困县已经有153个宣布脱贫。当前，处于脱贫攻坚的关键时期的中国正动员全社会力量共同参与，确保到2020年在本国现行标准下的农村贫困人口和贫困县实现脱贫，解决区域性整体贫困。

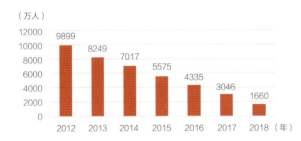

图 6-1　2012—2018 年年末全国农村贫困人口
（资料来源：根据历年国民经济和社会发展统计公报绘制）

6.2.1　从区域开发扶贫到精准扶贫

1978—2018年的40年间，中国的农村扶贫走出一条以贫困地区的区域开发转向以贫困家庭和人口为对象的精准扶贫之路[②]。

改革开放初期，通过实施土地承包经营制度改革、发展农村商品经济等措施，释放政策活力，解放生产力，激发农民群众的生产积极性，为扶贫开发提供了强劲动力。这一时期，针对贫困分布的区域性特征，中国政府以县为单元确定国家扶持的重点，这是按区域实施反贫困计划的基础。

20世纪80年代开始，扶贫开发的主要策略是促进贫困地区的区域发展，间接带动贫困人口脱贫。1982年国家启动实施"三西"（即甘肃的河西、定西和宁夏的西海固等地区）专项扶贫计划，拉开有组织、有计划、大规模扶贫开发的序幕。1986年国家制定扶贫标准，成立扶贫工作机构，设立专项扶贫资金，确定国家贫困县，实施区域开发带动扶贫的开发式扶贫行动。2001年以后，国家大幅提高国家扶贫标准，调整贫困县，并将连片特困地区作为新时期扶贫开发的主战场，进一步巩固温饱成果，提高贫困人口的生活质量和综合素质。[③]

2012年以来，国家把脱贫攻坚作为全面建成小康社会的底线任务和标志性指标，摆到治国理政的重要位置进行决策部署，调整了以往以区域开发为主的扶贫开发模式，将精准扶贫作为基本方略，在全国范围内实施"精准扶贫""区域开发"和"社会保障"相结合的扶贫策略[④]。中国大规模减贫的主要推动力量是经济增长，特别是贫困地区的农业和农村经济的持续增长。有针对性的开发式扶贫通过实施区域性的基础设施和公共服务建设，在帮助贫困地区经济社会发展方面起到了重要作用，有助于缩小贫困地区和一般地区的发展差距。而精准扶贫则进一步将贫困人口作为扶贫开发的首要对象，大幅度提高了扶贫工作的效果。

---

① 按照每人每年2300元（2010年不变价）的农村贫困标准计算。
② 汪三贵，曾小溪. 从区域扶贫开发到精准扶贫——改革开放40年中国扶贫政策的演进及脱贫攻坚的难点和对策. 农业经济问题，2018，（08）：40-50.
③ 国务院新闻办公室，中国减贫40年新闻发布会
④ 中国实施千年发展目标报告（2000—2015年）

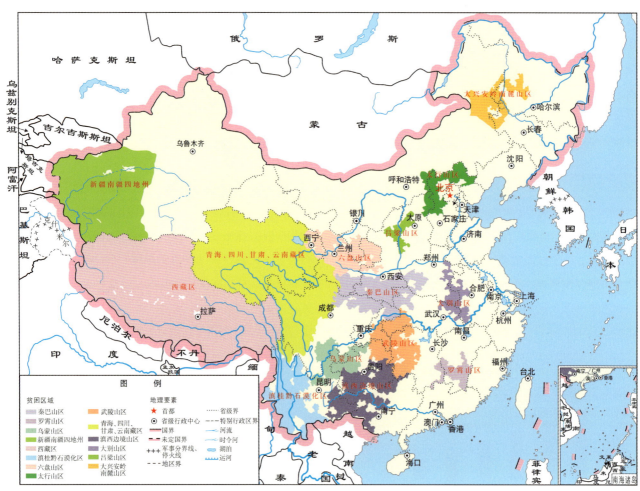

图6-2　全国集中连片特困地区和实施特殊政策地区分布图
（资料来源：自然资源部中国地质调查局）

图6-3　四川凉山"悬崖村"实景图（饶国君 摄）
（资料来源：中国新闻图片网）

6.2.2　国家脱贫攻坚计划

2012年以来，根据精准扶贫的基本方略，国家出台了一系列的方针政策，以推动脱贫攻坚工作更加有效开展，确保如期实现脱贫攻坚目标。中央各个部门出台了100多个政策文件或实施方案，各地省市县乡各级都根据当地的情况制定了配套文件，制度设计、目标任务、主要策略和保障措施基本构成。

2015年11月，国务院印发《关于打赢脱贫攻坚战的决定》，要求动员全社会之力，坚决打赢脱贫攻坚战。这一政策中提出要"坚持扶贫开发与经济社会发展相互促进""坚持精准帮扶与集中连片特殊困难地区开发紧密结合""坚持扶贫开发与生态保护并重""坚持扶贫开发与社会保障有效衔接"等，它是打赢脱贫攻坚战的总纲领和总部署，是贯穿脱贫攻坚全过程的指导性文件。2016年11月，国务院印发《"十三五"脱贫攻坚规划》，进一步强化脱贫攻坚的顶层设计，并且实现了与国民经济与社会发展规划的无缝衔接。为进一步完善顶层设计，加强统筹协调，2018年8月中共中央、国务院出台了《关于打赢脱贫攻坚战三年行动的指导意见》，作为今后三年的行动方案。2019年中央一号文件明确把脱贫攻坚作为第一要务，并提出了主攻深度贫困地区，注重发展长效扶贫产业等措施。

6.2.3 精准扶贫

在2018年颁布的《关于打赢脱贫攻坚战三年行动的指导意见》中强调"坚持精准扶贫"作为基本方略，要求"做到扶持对象精准、项目安排精准、资金使用精准、措施到户精准、因村派人精准、脱贫成效精准，因地制宜、从实际出发，解决好扶持谁、谁来扶、怎么扶、如何退的问题，做到扶真贫、真扶贫，脱真贫、真脱贫"。

精准扶贫工作通过建立中央统筹、省负总责、市县抓落实的工作机制，开展建档立卡，精准识别贫困人口，选派驻村工作队，加强扶贫一线工作力量，加大扶贫投入，强化政策举措，为脱贫攻坚提供坚实保障，中国扶贫工作进入脱贫攻坚新阶段。联合国秘书长安东尼奥·古特雷斯曾表示，精准扶贫方略是帮助最贫困人口实现

专栏6-3　"高校扶贫"——同济大学定点帮扶云南省玉龙县精准脱贫

云龙县位于中国云南省大理白族自治州最西部，是集"民族、山区、贫困、偏远"为一体的国家扶贫攻坚重点县。同济大学自2013年起定点帮扶云龙县，探索了一条以城乡规划为核心引擎，全力推进精准脱贫，助力当地社会经济跨越发展的特色道路。该项目入选教育部第三届直属高校精准扶贫精准脱贫十大典型项目。至2018年9月，云龙县已有7个贫困村退出，24787名贫困人口脱贫。

自2013年开始，同济大学发挥城乡规划这一传统强势学科，组织团队率先开展了具有统筹引领作用的总体规划编制工作，以顶层规划会诊云龙贫困根源，为云龙县城乡建设、脱贫攻坚指明方向与重点。随后以专项规划指导并推动具体项目的落实，建立精准扶贫项目库。在规划引领下，云龙县政府集中发展县城和漕涧镇，重点加大生态及文化遗产保护力度，加强村镇基础设施和公共服务设施建设，有效增强了县城服务能级，带动周边乡村发展，改善了人居环境。

2018年起，同济大学选择深度贫困村永安村作为帮扶示范村，承接"规划引领"的前期工作思想，扶贫工作重点由面到点逐渐深化，积极探索城乡融合发展和乡村空间优化的新途径。优先开展村庄规划，明确未来发展的大方向；再以规划统筹建设，开展道路交通完善、人居环境整治、农村社区建设、乡村产业提升、公共空间改造等五大方面的综合提升项目策划，形成永安村扶贫示范点系列项目库，推动永安村脱贫攻坚与乡村振兴共进。

深入扶贫村调研

村民议事点效果图

（资料来源：同济大学、上海同济城市规划设计研究院有限公司）

专栏6-4 "科技扶贫"——中国科协助力山西岚县脱贫攻坚

山西省吕梁市岚县是国家确定的36个集中连片特殊困难地区的县和国家扶贫开发重点县之一,是中国科协定点帮扶贫困县。长门村位于岚县王狮乡,是中国科协定点驻村帮扶的贫困村。从2017年开始,根据中国科协的统一部署,中国城市规划学会积极开展科技扶贫工作,组织相关专业技术力量共同助力长门村的精准扶贫和脱贫攻坚行动。中国城市规划学会通过创建平台,为贫困乡村架起了与全国最顶尖技术力量沟通协作的桥梁。在近两年的工作中,上海与山西两地的援助团队在深入踏勘调研、征求村民意见的

村庄节事活动策划

基础上,编制了可落地实施的规划设计方案,并于2019年5月在长门村进行公示,经村民代表会议举手表决通过。
在考量村庄地形地貌、生态敏感性以及种植特征的基础上,综合区域市场需求,进行空间资源与产业种植的整合。由此,在村域范围内顺应地形与水源分布,提出了生态优先的作物种植分区指引;并根据各区域的资源特色进行产业链的整合与提升;同时,根据村庄农业种植的季节时间特点,进行节事活动策划,推动村庄产业融合与升级。
为进一步深化和落实规划设想,由中国科协、中国城市规划学会及旗下乡村规划与建设学术委员会组织多学科专家学者20多人对长门村进行了现场考察,就产业结构、生态修复、人居环境建设等进行了广泛和深入的讨论,将助力长门村脱贫工作视为一项长期工作,并由"扶贫"转向"扶智"。在中国科协持续的"科技扶贫"工作助推下,该县已完成脱贫工作。

2017年首批专家组开展实地调研
(资料来源:中国城市规划学会)

2019年专家团队入村座谈讨论

《2030年可持续发展议程》宏伟目标的唯一途径[①]。

近年来，为了响应"精准扶贫"的号召，中国越来越多的社会力量也积极参与了精准扶贫工作，成为脱贫攻坚的中坚力量，为精准扶贫注入了强大力量。各方在脱贫攻坚战中精准结合扶贫县实际情况，积极探索多样化扶贫路径。

6.3 改善农村人居环境

改善农村人居环境是实施乡村振兴战略的一项重要任务。近年来，中国各地区与各部门持续加大力度推进农村基础设施建设和城乡基本公共服务均等化，但由于区域差异显著，农村人居环境状况很不平衡。为加快推进整治工作，2018年2月，中国政府颁布了《农村人居环境整治三年行动方案》，其总体目标到2020年实现农村人居环境明显改善，村庄环境基本干净整洁有序，村民环境与健康意识普遍增强。在这之中，首要的任务是基础环境治理，而后逐步提升村容村貌，加强村庄规划管理和完善建设和管护机制等。在此政策引领下，全国范围内全面推进各项农村人居环境整治工作。

6.3.1 改善农村住房条件

住房安全是农村人居环境改善的基础目标。中国农村危房改造工作缘起于2008年中国南方山区的特大雪凝灾害造成的大量农村房屋损坏与倒塌，灾后贵州省在全国率先启动农村危房改造工程，通过政府补贴资金和无偿资助等形式，让住在危旧房屋的困难村民陆续搬进新居。中央在支持贵州省危房改造试点的

[①] 人民日报.《精准扶贫，中国书写最伟大故事——国际社会积极评价中国脱贫攻坚成果》

基础上，将补助范围扩大至中西部950个县近80万户农村危房的改造。随着试点范围的不断扩大，2012年已实现农村地区全覆盖。自2013年起，全国多个部门持续加大农村危房改造力度，完善政策措施，加强指导与监督管理。2018年，结合全国脱贫攻坚总体目标中"住房安全有保障"的任务，住房城乡建设部、财政部与国务院扶贫办针对贫困户等重点对象加强了农村危房改造工作的部署。根据住房城乡建设部统计，截至2019年3月，超过600万建档立卡贫困户完成了危房改造。

在解决农村住房安全问题的基础上，近年来各省市和地区针对农房建设与乡村风貌的提升方面提出了许多地方性的促进与管理政策，例如浙江省的《关于切实加强农房建设管理的实施意见》（2017），海南省的《关于进一步推进农房建设规划报建管理工作的通知》（2018）等。从2019年开始，全国范围开始开展农村住房建设试点工作，旨在提升农房建设设计和服务管理水平，建设一批功能现代、风貌乡土、成本经济、结构安全、绿色环保的宜居型示范农房。这项工作的主要内容是探索支持农民建设宜居型农房机制，探索组织农房设计力量下乡服务机制，以及建立农村建筑工匠培养和管理制度等，全面推进农村住房品质与居住环境的进一步提升。

6.3.2 提升农村基础设施水平

自20世纪末开始，中国开始开展大规模系统性的农村基础设施改造与建设项目，包括了公路、电力、饮用水、电话网、广播电视、互联网等内容，被称为"村村通"工程。相应行政部门出台一系列政策加快推进建设，多年来农村基础设施的改造建设为全国乡村地区的发展提供了基础条件。

专栏 6-5　贵州省丹寨县的农村"三改"计划

2017年起,贵州省黔东南苗族侗族自治州丹寨县实施对全县农村危房和附属的厨房、厕所、畜圈开展危房改造及改厨、改厕、改圈"三改"计划,并将建档立卡贫困户、低保户和深度贫困地区作为"三改"的重点实施对象。项目的实施切实帮助农村最困难群众解决了厨卧分离、厕圈分离、人畜分离等基本的居住安全问题,保障了农村群众的卫生健康,改善了乡村的人居环境。

改善一新的苗族村寨

村民在改造后的新房前休息

工人在进行家畜圈舍改造施工

工人在进行危房改造施工

贵州省黔东南苗族侗族自治州丹寨县兴仁镇窑货村农村危房改造及"三改"施工（黄晓海 摄）
（资料来源：中国新闻图片网）

专栏 6-6　浙江省仙居县统一规划建造集中安置村

浙江省仙居县埠头镇水碓头村是高山移民的集中安置村。新村采用统一规划，统一设计，统一建造。新村农居花园式的连体住宅鳞次栉比，村内道路平整宽敞，房前屋后绿树成荫，远山近水都给这个花园式村庄增辉添色。这一村庄先后荣获浙江省美丽宜居示范村、农房改造建设示范村、农家乐特色村、森林村庄等荣誉。近年，该村开始重点开发农家乐、休闲旅游项目，利用美丽宜居的环境促进乡村振兴。

浙江省仙居县埠头镇水碓头花园式新村（华文武 摄）
（资料来源：中国新闻图片网）

自 2014 年开始，全国开展"建好、管好、护好、运营好"的"四好农村路"建设，目标是到 2020 年全国乡镇和建制村全部通硬化路，养护经费全部纳入财政预算，具备条件的建制村全部通客车，基本建成覆盖县、乡、村三级农村物流网络等。这项工作从 2018 年开始以实施乡村振兴战略、打赢脱贫攻坚战的高度迈入高质量发展的新阶段，聚焦突出问题，进一步从关注公路建设到完善公路管护与运营政策机制。经过五年的推动，新建改建农村公路 139.2 万千米，农村公路总里程达到 405 万千米，村镇的通硬化路率达到 99.5%。以县城为中心、乡镇为节点、建制村为网点的交通网络初步形成，乡村之间、城乡之间连接更加紧密。

为缩小城乡差距，推进农村现代化，乡村人居环境治理逐步开始关注农村生活垃圾、污水与厕所粪污治理等，尤其是针对厕所粪污治理的"厕所革命"。这一行动缘起于 2015 年国家旅游局在全国范围内启动的旅游厕所建设和管理行动，整体成效获得了充分肯定，并于 2017 年开始作为乡村振兴战略的一项具体工作来推进。2018 年中央一号文件中明确坚持不懈推进农村"厕所革命"，大力开展农村用户卫生厕所建设和改造，同步实施粪污处理，鼓励各地结合实际将厕所粪污、畜禽养殖废弃物一并处理并资源化利用。2018 年以来全国新建、改扩建旅游厕所近 2.4 万座，中西部地区建成旅游厕所约 1.5 万座。目前，这项工作已经成为了各级政府推动民生工程建设重点。2019 年中央财政计划安排 70 亿元，目标推动 3 万个村庄约 1000 万左右的农户实现改厕。

6.3.3 保护乡村历史文化遗产

早在改革开放初期，中国贵州省便已经着手开展民族村寨保护工作，成为国内最早开始乡村历史文化遗产保护和利用的省份。20 世纪 90 年代，贵州省开始引进国际生态博物馆理论，在中国率先建立生态博物馆，例如六枝的陇戛寨、花溪的镇山村、锦屏的隆里所城、黎平的堂安村和地扪村等。生态博物馆的建设进一步强化了村民文化主人的地位，文化平等、自主和维护等成为了鲜明的主题。2005 年，贵州省引进国际性的文化景观理论指导文物保护工作，并于 2008 年 10 月召开了村落文化景观保护和可持续利用国际学术研讨会，形成了《村落文化景观保护和发展的建议》，受到国内外文化遗产领域极大的关注。

基于地方性的实践与国际性的视野，全国的乡村历史文化遗产保护工作以"中国传统村落"为重要载体之一，经过多年探索形成一套政策体系，使相应的保护工作实质性地成为中国乡村发展相关政策议题中的重要组成部分。"中国传统村落"是指"拥有物质形态和

专栏 6-7　贵州省"通村村"大数据信息平台

为解决贵州山地农村"老百姓出行难、学生上学返校难、农村货运难"问题，自 2017 年 7 月全省推出"通村村"农村道路交通出行平台，借助大数据，实现了人车联网、精准匹配。经过一年多努力，通过整合乡村客、货运力和出行、物流需求，为村民提供班车、包车、网约车、出租车、公交车、学生定制班车、购票和快递进村、小件快运、电商物流、农村货运等安全、便捷、高效的出行服务和物流服务，降低了农村客运运营成本，便捷了农村群众出行，同时打通了农村物流"最后一公里"，对电商下乡、本土货物出山提供了坚实的基础保障，为交通脱贫攻坚提供了新的模式。

专栏 6-8　贵州省毕节市织金县农村学校厕所改造工作

贵州省毕节市织金县是中国教育部与联合国儿童基金会合作的"学校全方位环境改善项目"在贵州唯一的项目县。在该项目支持下，2018年织金县对10所农村学校进行了厕所改造工作，新厕所改变了以往脏乱差的现象，为师生营造了良好的如厕环境，也为织金县"厕所革命"工作的深入开展积累了经验。

绮陌街道绮陌小学学生使用厕所后离开（瞿宏伦 摄）

以那镇以那小学改造后的厕所干净整洁（瞿宏伦 摄）

以那镇以那小学的女厕所（瞿宏伦 摄）

（资料来源：中国新闻图片网）

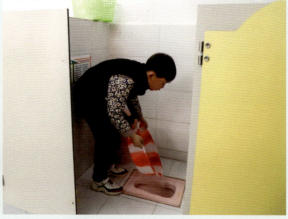

小学学生如厕后冲洗厕所（瞿宏伦 摄）

非物质形态文化遗产，有较高的历史、文化、科学、艺术、社会、经济价值的村落"。自2012年开始在全国范围内开展相关的调查、评定和建档工作，并形成相应的规划管理政策。此后中央财政于2014年开始对传统村落的保护工程项目进行支持，并历年加大投入力度。自2016年，全国在对传统村落保护工作的成效维护与推广方面加大政策引导，推出了警示与退出机制，推动建设"中国传统村落数字博物馆"，举办"传统村落保护发展国际大会"等。至2018年，"中国传统村落"名录共分为五批，合计6799个，约占全国行政村数量的12‰。在这些传统村落中，受中央财政支持的村落占比约为54%。

专栏 6-9　中国传统村落数字博物馆

2017年住房城乡建设部办公厅印发《关于做好中国传统村落数字博物馆优秀村落建馆工作的通知》（建办村函〔2017〕137号），正式启动中国传统村落数字博物馆建设工作。经过一年的努力，完成了数字博物馆一期开发建设任务和165个村落建馆工作，2018年4月28日正式开通上线。数字博物馆分总展馆、村落单馆及全景漫游手机客户端。总展馆设名录、探索、学术、活动、文创、社区、资讯、关于等栏目。它是百科式、全景式传统村落展示的数字化平台，也是传统村落学术资源的交流平台。

官方网站　　　　　　　　　　　　　　　　　　　　　　　　　　　手机客户端

（资料来源：中国传统村落数字博物馆官方网站）

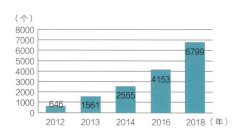

图 6-4　中国传统村落各批次总数
（资料来源：中国住房和城乡建设部）

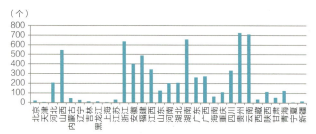

图 6-5　各省、直辖市"中国传统村落"数量（不含港澳台）
（资料来源：中国住房和城乡建设部）

6.4　小城镇建设与特色化发展

6.4.1　小城镇发展历程及作用

小城镇在中国城镇化进程中的作用不容忽视。小城镇的数量极其庞大，在不同时期的国家城乡发展战略中，一直强调小城镇的重要性，从20世纪80年代的"小城镇大问题、大战略"，再到进入2000年以后"推动大中城市和小城镇的协调发展"，小城镇一直在中国的城镇化和城乡融合发展中扮演了重要角色。

从历史演进来看，可以将20世纪80年代以来的小城镇发展划分为三个阶段：第一阶段是恢复期（1979—1984年），通过农村联产承包改革，农村经济从计划经济时期的相对停滞中得到逐步恢复，通过区划的调整改革，从人民公社过渡到了乡镇建制，小城镇从点状管理单元转变为面状的区域型行政管理单位，管理对象涵盖了大量的村庄；第二阶段是改革起飞期（1984—1997年），1984年的户籍制度改革、社队企业制度改革、行政区划改革以及经济制度的初步变革等，加快了农村人口向小城镇的转移，乡镇企业的快速发展；第三阶段是调整期（1997年至今），随着国家土地管理制度的变革、财税体制的完善、住房市场化改革等的快速实施，城市发展加快，小城镇地位有所下降。随着新型城镇化战略的提出，小城镇作为链接城市和乡村的节点，在政府相关文件中屡被提及，小城镇的发展地位进一步受到重视。

近年来，小城镇的作用得到进一步的拓展，各界逐步认识到小城镇服务于农村的支点作用。与此同时，发达地区省份也对小城镇在经济增长和转型发展中的作

> **专栏 6-10　中国江苏中部地区的小城镇——悦来镇**
>
> 悦来镇位于海门市东南部，南与临江新区相接，北与海门港新区接壤，西与常乐相邻，距离海门市区30千米，镇域总面积141.44平方千米。悦来镇隶属的地区是我国近代民族工业发源地，尤其是纺织、制衣等轻工业，发展历程久远，如今仍是支撑该地区小城镇发展的主导产业，悦来镇更是有"皮鞋之乡"的美誉。但近年来劳动密集型产业纷纷向内陆地区转移，本地也出现了"招工难"等劳动力明显不足的问题。悦来镇正在积极引入新型产业，同时升级原有传统制造业，促进转型发展，如引入东方教育装备创新产业城，将制造业和教育装备体验相结合；引进精密仪器加工等新兴制造业等。悦来镇的发展历程体现了当前一个普通江南小城镇的发展缩影。

悦来镇工业集聚区面貌　　　　　　　　　　　　　悦来镇驻地村面貌

利用原悦来中学改造的东方教育装备产业创新城
（资料来源：同济大学建筑与城市规划学院）

用有了进一步的理解。截至 2016 年末，全国共有建制镇 21116 个，乡 10529 个。

6.4.2　小城镇的特色化发展

2014 年浙江省首次提出特色小镇的发展建设问题。2015 年 4 月，浙江省发布《关于加快特色小镇规划建设的指导意见》，定义"特色小镇是相对独立于市区，具有明确产业定位、文化内涵、旅游和一定社区功能的发展空间平台"，并于该年 6 月公布省级首批特色小镇创建名单。2015 年底国家主要领导对特色小镇做出"特色小镇、小城镇建设大有可为"的批示。

2016 年 2 月，国务院印发《关于深入推进新型城镇化建设的若干意见》，强调加快培育中小城市和特色小城镇；7 月，住建部、发改委和财政部三部委联合发布《关于开展特色小镇培育工作的通知》，确定到 2020 年培育 1000 个左右的特色小镇，引领带动全国小城镇建设。2016 年 10 月和 2017 年 1 月，住房和城乡建设部会同中国农业发展银行和国家开发银行发布了推进政策性金融和开发性金融支持小城镇建设的政策,并且将金融支持的重点进一步拓展到小城镇宜居环境塑造和传统文化传承的工程建设方面。2017年2月,国家发改委联合国家开发银行发布政策提出将开发性金融支持特色小镇建设作为扶贫攻坚的主要工具之一。

以上一系列的政策和行动计划,以及随后各省市纷纷制定的特色小镇建设行动计划等,激起了一波"特色小镇热",全国各地接连展开特色小镇培育创建工作。2016年10月和2017年8月,住建部等部门联合评选并发布了总计403个特色小镇创建培育名单。至此,特色小镇建设工作出现了两种模式,一种是浙江为代表的产业小镇模式,重点是促进传统产业升级,培育新经济;另一种是小城镇的特色化发展模式,即通过促进地方特色产业的发展,解决农村劳动力和促进就地城镇化,

带动村镇基础设施的改善,提高整体宜居水平,保护当地传统文化,从而带动小城镇经济社会文化的全面协调发展。

在2017年12月,国家发改委会同国土资源部、环保部和住建部联合发布了《关于规范推进特色小镇和特色小城镇建设的若干意见》,明确了特色小镇和特色小城镇的概念差异,并就规范推进各地区特色小镇和小城镇建设提出五个基本原则:坚持创新探索、坚持因地制宜、坚持产业建镇、坚持以人为本和坚持市场主导。2018年8月30日,国家发展和改革委员会发布文件《国家发展改革委办公室关于建立特色小镇和特色小城镇高质量发展机制的通知》,对特色小镇创建过程中出现的不合理现象予以规范纠偏,政策上鼓励特色鲜明、产镇融合、注重生态环境小镇发展模式。

图6-6 各省市特色小镇数量与经济发展水平的比较
(资料来源:张立,白郁欣.403个国家(培育)特色小城镇的特征分析及若干讨论[J].小城镇建设,2018,36(09):20-30.)

全国镇和403个特色小镇规模比较　　　　　　　　　　　　　　　　　　　　　　　表6-2

指　标	全国镇		403个镇		403个镇在全国均值以上镇比例
	平均值	中位数	平均值	中位数	
镇域常住人口(万人)	4.15	3.46	5.66	4.46	54.4%
镇区常住人口(万人)	1.08	0.65	2.66	1.77	66.7%
建成区面积(公顷)	219.5	139.4	441.5	162.0	44.7%
人均建设用地面积(平方米/人)	240.7	198	234.7	124.2	25.1%

(资料来源:张立,白郁欣.403个国家(培育)特色小城镇的特征分析及若干讨论[J].小城镇建设,2018,36(09):20-30.)

专栏6-11 特色小镇之古堰画乡——浙江省丽水市莲都区大港头镇

古堰画乡是浙江省8个入围中国第一批特色小镇的其中之一，也是国家4A级旅游景区、国家水利风景区、世界首批灌溉工程遗产和联合国教科文遗产所在地。特色小镇建设以景区开发为引领，遵循了政府主导和市场运行相结合的原则，希望形成以市场拉动为主，政府推动为辅的发展路径。这样的发展模式对于推动本地发展起到了积极的引导作用，同时也面临着不可避免地问题：产业化、规模化运作和艺术生产特质间的合作较量；文化旅游资源综合开发管理水平较发达国家水平仍有较大差距，游客体验不佳；同时引入景区管理委员会与当地镇村共谋发展，但同时也带来管委会与本地发展诉求与利益分配的博弈和矛盾等等。这些问题是古堰画乡特色小镇在发展过程中必须直面的，也是敦促小镇发展路径不断升级、优化的源动力。

古堰画乡自然景观风貌

古堰画乡镇区风貌

古堰画乡巴比松油画展和娱乐活动策划
（资料来源：同济大学建筑与城市规划学院）

6.5 中国乡村实践

6.5.1 美丽乡村：人居环境改善的地方实践

（1）浙江美丽乡村建设

浙江美丽乡村建设源于2003年，时任浙江省委书记习近平创造性地提出和实施了"千村示范、万村整治"工程，从此开启了美丽乡村、美丽中国建设的历史新征程。在近20年的美丽乡村建设过程中，浙江积累了丰富的经验。其中，土地政策、财政政策、景区村庄创建政策等诸多创新政策的出台，有力地推动了乡村诸多问题的解决。各市县坚持因地制宜的美丽乡村建设路径，例如临安文化礼堂建设、松阳古村落保护政策、遂昌农家乐综合体、江山村歌文化、安吉标准化建设、德清制度改革创新等。在乡村产业发展过程中，有关企业的积极支持或全面参与不仅提供了企业参与乡村建设的案例库，也有利于实现地方政府精准招商引资，例如远见集团规划美丽乡村"新田园"、浙江建投环保"做农村污水治理的保姆"、浙旅集团"用古村落保护利用基金重塑乡愁"等。

（2）江苏特色田园乡村建设

为深入贯彻中央关于城乡建设和"三农"工作的决策部署，认真落实习近平总书记系列重要讲话精神和治国理政新理念新思想新战略，着力提升社会主义

专栏6-12 浙江安吉模式

安吉县是一个典型山区县，经历了工业污染之痛以后，1998年安吉县放弃工业立县之路，2001年提出生态立县发展战略。2003年，安吉县结合浙江省委"千村示范、万村整治"的"千万工程"，在全县实施以"双十村示范、双百村整治"为内容的"两双工程"，以多种形式推进农村环境整治。在此基础上，安吉县于2008年在全省率先提出"中国美丽乡村"建设，并将其作为新一轮发展的重要载体，计划用10年时间，通过"产业提升、环境提升、素质提升、服务提升"，把全县建制村建成"村村优美、家家创业、处处和谐、人人幸福"的美丽乡村。安吉立足本地生态环境资源优势，以经营乡村的理念，大力发展竹茶产业、生态乡村休闲旅游业和生物医药、绿色食品、新能源新材料等新兴产业。

浙江省安吉县夏阳村
（资料来源：上海同济城市规划设计研究院）

新农村建设水平,不断夯实"强富美高"新江苏和"两聚一高"新实践的基础,2017年6月底,江苏省委、省政府正式印发《江苏省特色田园乡村建设行动计划》《江苏省特色田园乡村建设试点方案》,启动省域层面的特色田园乡村建设,打造"特色产业、特色生态、特色文化,塑造田园风光、田园建筑、田园生活,建设美丽乡村、宜居乡村、活力乡村",并展现"生态优、村庄美、产业特、农民富、集体强、乡风好"的江苏特色田园乡村现实模样。各县市积极实践,积累了大量经验。

专栏 6-13　江苏特色田园乡村建设

泰州市兴化市树立"宜居田园水乡"的自身定位,用"水、绿、垛、土、文"5个关键元素勾勒其特色。兴化6个省试点村因村制宜,充分发挥本土能工巧匠的作用,突出村庄的原始风貌,通过彩绘兴化农民画、木栅栏民宿桥、水乡芦苇等突出兴化元素。同时提倡不砍树、不填河、少拆房、禁刷白,突出建筑材料本土化,利用好老砖瓦、老物件,就地取材,因陋就简,最大限度地保留原汁原味的乡土特色。产业发展上,打造千垛菜花、兴化大米、兴化大闸蟹等为代表的特色农业名片,将把创意农业作为提升休闲农业发展的新引擎和一二三产业融合发展的综合体,重点发展文化型、生态型创意农业,挖掘农业文化遗产,丰富板桥、水浒文创产品,培育创意农产品、创意农田景观。其中东罗村依托千垛景区打造四季花海,致力"种好风景""卖好风景",同时与万科开展合作,打造了农副产品的"八十八仓"品牌,还策划了"线上+线下"的兴化大闸蟹、桂花酒品牌营销。

江苏省常州市西夏墅镇梅林村龙王庙
(资料来源:上海同济城市规划设计研究院)

6.5.2 产业振兴：乡村产业综合发展的新实践

（1）互联网——淘宝村

中国淘宝村的蓬勃发展得益于互联网电子商务在乡村区域的广泛普及，一根网线联结了全国乃至全球市场，也撑起了农民的财富之梦，而随着互联网技术的进一步发展和持续迭代，移动智能设备、新型直播平台等新技术也正在深刻重塑着淘宝村电子商务产业的发展模式。

河南省南阳市镇平县侯集镇向寨村被誉为"中国锦鲤第一村"，2018年更是凭借"锦鲤热"爆红网络，并成功跻身"中国淘宝村"之列。然而这样一个以锦鲤养殖闻名的村子却并非水资源丰富的鱼米之乡，而是位于南阳盆地北缘背倚伏牛山的传统农耕区域。当地锦鲤养殖产业的发展经历了一个从无到有的过程，20世纪70年代末期，向寨村出现了第一家金鱼的养殖户，从三十平方米鱼塘开始，侯集镇金鱼养殖开始起步。1983年村民李光治引进一批金鱼在集市上推广销售，利润甚为可观，带动第一批金鱼养殖户弃田挖塘，从事金鱼养殖的专业生产。

经过近二十年的发展，向寨村所在侯集镇被中国特产之乡组委会正式命名为"中国金鱼之乡"。2006年前后，村民开始逐渐养殖利润回报更高的锦鲤。村内锦鲤养殖主要以村民自家养殖和依托公司规模化养殖为主。其中长彦观赏鱼养殖有限公司成立于1988年，是侯集镇当地最大的锦鲤养殖企业，依托长彦观赏鱼养殖有限公司的优质资源，镇平县政府在这里发起成立了润发观赏鱼农民专业合作社联合社，村民可与公司合作进行金鱼养殖、销售，或在公司务工。同时，该组织同时也是电商孵化基地和长彦锦鲤扶贫示范基地，由镇平县政府委托淘宝村培育的服务商——洛阳闪讯集团组织并运营。闪讯团队通过培训当地村民掌握电子商务技能来拓展锦鲤的销售市场，既减轻了养殖户的销售压力，也提高了村民的收入。

2018年，向寨村通过认定成功当选当年"中国淘宝村"。截至2018年，侯集镇锦鲤产量占全国的60%，其中向寨村锦鲤产量占全国的40%，养殖户300余家，年产值8000余万元，销售至内地沿海发达地区，以及日本、中国香港和东南亚的部分国家和地区。

（2）乡村旅游——袁家村

中国陕西咸阳市礼泉县袁家村，位于关中平原腹地。近年来，村庄通过发展乡村旅游业，荣获"中国十大美丽乡村""中国传统村落""中国魅力乡村"等荣誉称号，被称为"陕西丽江"，并成功创造了"袁家村"模式。

图6-7　村内鱼塘
（资料来源：南京大学空间规划研究中心）

图 6-8　长彦观赏鱼养殖基地
（资料来源：南京大学空间规划研究中心）

图 6-9　向寨村电商孵化基地
（资料来源：南京大学空间规划研究中心）

图 6-10　村民自家养殖销售观赏鱼
（资料来源：南京大学空间规划研究中心）

　　从一个小村庄发展成为著名的乡村旅游胜地，袁家村主要经历了以下阶段：20 世纪 50—60 年代艰苦创业，把贫瘠的地方变成了一个比较富饶的发展区；20 世纪 70—80 年代改革开放时期，乡镇企业蓬勃发展，办起"五小工业"（注：一般指小钢铁、小煤矿、小机械、小水泥、小化肥五种工业企业）；2000 年后因为严控污染而关停高污染企业，导致袁家村逐渐衰败，村民纷纷外出务工，出现"空心化"现象；2007 年开始发展乡村旅游，形成作坊街、小吃街等；2011 年以后，村庄以弘扬关中民俗文化为根本，以对城市需求功能的补充为依托，将民俗和创意文化以及艺术街区结合起来，并引入了外界的商业项目进行市场化运作，成功塑造了"袁家村"模式。

　　袁家村之所以取得成功，根本在于对集体经济的坚守、对实现共同富裕的执着。中国的宗族观念、乡土文化决定了乡村是以乡绅治理模式为依据的，左邻右舍的发展方向要没有太大差异，这是中国能够实现蓬勃精神的根本，也是袁家村共同富裕的理念。全村在村党支部、村委会的领导下，村民"全民皆兵"式参与乡村旅游发展。例如一种传统食品，可以先扶持有能力的个体去发展，待形成品牌后则组成股份公司并出让股权，由有意愿的村民和商户自愿入股享受收益，可谓"家家有生意，人人能就业"。通过调节收入分配和再分配，避免两极分化，实现共同富裕。这种方式不仅极大提高了村民的参与热情，营造出一种团结向上的集体主义氛围，也保证了旅游产品质量。此外，协会形式的经营管理模式也是促成集体经济发展和实现全民致富的重要因素。袁家村的三十多个产业形成了几十个协会，股权结构、产权结构都非常明晰，这也决定了资本的运作与合理的分配。而随着经营规模的扩大，袁家村适时引进了专业的管理公司和职业经理人，在村两委的领导之下参与管理，保证了现代管理观念能够适应乡村实际发展状况。

图 6-11 袁家村村内景象
(资料来源：中国城市规划学会)

图 6-12 袁家村多方合作机制展示
(资料来源：中国城市规划学会)

6.5.3 文化保护：社会力量介入乡村遗产保护的实践

2018年在中国福建省南平市延平区巨口乡九龙村开展了"中国延平乡村艺术季"项目。该项目受九龙村村长邀请，由中国上海阮仪三城市遗产保护基金会（以下简称"基金会"）自2018年夏季起在九龙村中开展工作。九龙村中至今还保留着大量的历史建筑与完整的传统村落景观。通过和村民与当地政府的交流，并考虑到绝大多数村民已搬迁至城市和老年人留村的现象，基金会谋求一种唤醒当地村民保护、发展乡村的意识与吸引城市居民下乡相结合的方法，最终选择用艺术季的形式来达成这一目标，并说服九龙村和政府共同参与项目计划并投入各自资源。

在筹备过程中，基金会邀请了将近30位热衷于探索乡村的文化遗产保护和未来发展议题的艺术家进行驻村艺术创作，乡村精英们自行组织协助艺术季的举办，100位当地村民志愿者组织参与了艺术的前期筹备和开幕，当地工匠受邀与艺术家一起完成艺术作品，有10余人家从城市返乡用自家房屋开设民俗和餐馆。随着活动的进行，村民开始理解了他们传统土木结构房子是十分重要的，对他们自己的村庄产生了自豪感，并开始保护自己的乡村遗产。乡村的开放吸引了许多人和组织的到来，比如志愿者、自然学校以及商业投资。九龙村曾经沉寂数年，没有孩子的欢笑，没有希望，而现在乡村已经被艺术家、艺术季和从村外来的种种人群所唤醒。在艺术季开幕式当天，有将近5000人来到九龙村，开幕式后每天也有约50—100位参观者，而数据以外最重要的是村民和乡村精英现在开始讨论与思考之前曾被抛弃和遗忘的乡村的未来。

该项目成功地使当地社区参与了过去一年的艺术季的规划、组织和实施过程。在艺术季项目中，当地政府除了提供资金资助外也扮演了很重要的角色。受基金会邀请的艺术家是项目中最为生动的部分，他们的激情和努力的工作真实地触动了当地村民，让他们开始思考传统村庄的价值和他们的生活。艺术季让乡村对外开放，吸引了从上海、福州、厦门、法国、荷兰、英国、美国等各国各城的人。因为艺术与遗产，所有村民开始相互讨论他们的将来。这一项目荣获了2019年国际国家信托组织（英国）卓越奖。

第六章　乡村振兴与扶贫攻坚

图6-13　中国延平九龙村土厝群
（资料来源：中国上海阮仪三城市遗产保护基金会）

图6-14　开幕式前当地村民一同清扫村中的公共空间
（资料来源：中国上海阮仪三城市遗产保护基金会）

图6-15　九龙村第一家书店在艺术季开幕式当天开放
（资料来源：中国上海阮仪三城市遗产保护基金会）

图6-16　艺术家曾焕光使用当地的竹子和布等材料，与当地匠人合作完成艺术品
（资料来源：中国上海阮仪三城市遗产保护基金会）

图 6-17 老屋再生——九龙村的第一家民宿
（资料来源：中国上海阮仪三城市遗产保护基金会）

图 6-18 1952 年建造的村礼堂，在被遗弃近 20 年后，被重新用作为公共活动的场地
（资料来源：中国上海阮仪三城市遗产保护基金会）

6.5.4 共同缔造：乡村治理与建设

乡村治理是乡村建设和发展的基础，乡村振兴战略及其实施推进中不断在强调乡村治理的作用。在此背景下，北京建筑大学在青海省大通县景阳镇土关村进行了一系列探索工作，称之为"共同缔造"。

土关村位于大通县西南部，距西宁市 25 千米、大通县城 15 千米。村庄是有着 500 多年悠久历史的土族村落。在村庄规划实施过程中，规划师发现长期以来由于政府主导多、决策多，群众参与少、决策少，村民"等靠要"思想严重，导致村庄发展动力不足。为改变这一困境，规划师通过一年多的摸索，践行"共同缔造"，并总结了"转变思想，改变工作方法""组织发动，汇集多方合力"以及"建立制度，保障'五共'开展（即'共谋、共建、共管、共评、共享'）"的工作体系。

在转变思想的工作中，规划师与村民交心沟通，融入村民中，成为编外"村民"。县镇政府则由"指挥员"转变为"辅导员"服务村民，并通过组织村民培训、开拓眼界、提升技能，使村民从"台下看戏"到"台上看戏"，帮助村民树立共同缔造的信心；同时加强基层党组织和村民自治组织建设，建立了"村民主体，协商共治"的机制，保障村民的参与权和决策权。全体村民对于村庄事务实行村民可借助微信群、建议箱向村两委建议，也可向村民组织反映，经自治组织向全体村民代表大会提议，经由村民代表大会进行决策的制度，真正做到村民自己"说事、议事、主事"。

在"共谋"方面，形成了由全体村民、政府人员、规划设计团队、社会力量四方共同对村庄的产业发展、精准扶贫、公共空间整治、基础设施进行谋划。在"共建"方面，对于村内不同类型的建设项目，形成村民投工投劳、按劳取酬等多种具体共建方式。在"共管"方面，对村庄财务、建设项目等，形成村民监督委员会、政府人员、共同缔造技术团三方共管监督机制。在"共评"方面，实行"小手拉大手"村庄环境共同评价机制。每周对村民室内、院落和宅旁屋后公共空间卫生整洁状况进行打分评价，每周 1 次，结果张榜公示，奖励前十名，批评后十名，通过奖励先进带动村庄环境卫生意识的提升，形成村民自觉爱护环境的氛围。通过以上一系列努力，实现全体村民共享环境改善成果和脱贫增收成果，并形成和谐幸福的生活氛围。

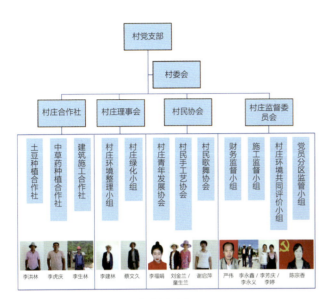 

图 6-19 土关村村庄 "1+4N" 的组织机构
（资料来源：北京建筑大学建筑与城市规划学院）

图 6-20 给村民进行手工艺培训以帮助脱贫
（资料来源：北京建筑大学建筑与城市规划学院）

附录 1

附表 1-1　中国工业遗产保护名录（第一批）

序号	名称	所在省市（县）
001	柯拜船坞（现为广州黄埔造船厂厂区）	广州市
002	江南机器制造总局（含求新机器造船厂）	上海市
003	福州船政（现为马尾船厂厂区及船政文化园区）	福州市
004	大沽船坞（现为北洋水师大沽船坞遗址纪念馆）	天津市
005	旅顺船坞（现为辽南船厂[中国人民解放军海军4810工厂]厂区）	大连市
006	金陵机器制造局（现为晨光1865创意园）	南京市
007	东三省兵工厂（沈阳旧址现为黎明发动机公司；枪所搬迁至北安成立庆华工具厂[626厂]，现为庆华军工遗址博物馆）	沈阳市
008	重庆抗战兵器工业遗址（部分现为重庆抗战兵器工业遗址公园）	重庆市
009	黄崖洞兵工厂（现为黄崖洞兵工厂展览馆）	黎城县
010	开滦煤矿（现为开滦博物馆、开滦国家矿山公园）	唐山市
011	中兴煤矿（现为中兴煤矿国家矿山公园）	枣庄市
012	大冶铁矿（现为黄石国家矿山公园）	黄石市
013	水口山铅锌矿	常宁市
014	萍乡煤矿（现为安源路矿工人运动纪念馆）	萍乡市
015	坊子炭矿（现为坊子炭矿遗址文化园）	潍坊市
016	抚顺煤矿（现为抚顺煤矿博物馆）	抚顺市
017	中福煤矿	焦作市
018	本溪湖煤铁公司（纤维本溪[溪湖]煤铁工业遗址博览园）	本溪市
019	大同煤矿（现为晋华宫矿国家矿山公园）	大同市
020	阜新煤矿（海州露天煤矿国家矿山公园）	阜新市
021	汉阳铁厂（在建张之洞与汉阳铁厂博物馆）	武汉市
022	大冶铁厂	黄石市
023	鞍山钢铁公司	鞍山市
024	首都钢铁公司（现为首钢工业遗址公园）	北京市
025	长沙锌厂	长沙市
026	重庆钢厂	重庆市
027	唐山铁路遗址（拟建中国铁路源头博物馆）	唐山市
028	中东铁路	黑龙江省、吉林省、辽宁省、内蒙古自治区
029	胶济铁路（胶济铁路博物馆[胶济铁路济南站]）	山东省
030	滇越铁路（建有云南铁路博物馆）	云南省

续表

序号	名称	所在省市（县）
031	京张铁路（建有詹天佑纪念馆）	北京市、张家口市
032	南京下关火车渡口	南京市
033	宝成铁路	陕西省、四川省
034	芭石铁路（嘉阳小火车）（现为嘉阳国家矿山公园）	犍为县
035	滦河铁桥	滦州市
036	郑州黄河铁路桥	郑州市
037	天津金汤桥	天津市
038	上海外白渡桥	上海市
039	济南泺口黄河铁路大桥	济南市
040	钱塘江大桥	杭州市
041	武汉长江大桥	武汉市
042	南京长江大桥	南京市
043	启新水泥公司（现为中国水泥工业博物馆）	唐山市
044	华新水泥公司	黄石市
045	中国水泥厂	南京市
046	耀华玻璃厂（现为秦皇岛市玻璃博物馆）	秦皇岛市
047	江南水泥厂	南京市
048	苗栗油矿（现为台湾油矿陈列馆）	苗栗县
049	延长油矿	延长县
050	独山子油矿、克拉玛依油田	克拉玛依市
051	玉门油矿（建有玉门石油博物馆）	玉门市
052	大庆油田（建有大庆油田历史陈列馆）	大庆市
053	唐胥铁路修理厂（现为唐山地震遗址纪念公园、抗震纪念馆）	唐山市
054	东清铁路机车制造所（大连机车厂）	大连市
055	二七机车厂	北京市
056	浦镇机厂	南京市
057	津浦铁路局济南机器厂	济南市
058	协同和机器厂（现为协同和动力机博物馆）	广州市
059	株洲总机厂	株洲市
060	中国第一航空发动机厂	毕节市
061	第一汽车制造厂	长春市
062	第一拖拉机制造厂	洛阳市

续表

序号	名称	所在省市（县）
063	天津碱厂（天津碱厂厂史馆）	天津市
064	永利铔厂	南京市
065	北京焦化厂（北京东部工业遗址文化园区）	北京市
066	华丰造纸厂（华源创意工场）	杭州市
067	大生纱厂（大生纱厂陈列室）	南通市
068	永泰缫丝厂（中国丝业博物馆）	无锡市
069	裕湘纱厂	长沙市
070	大华纱厂（大华·1935、大华工业遗产博物馆）	西安市
071	杭州丝绸印染联合厂（"丝联166"创意产业园区）	杭州市
072	唐山磁厂	唐山市
073	宇宙瓷厂（陶溪川文创街区）	景德镇市
074	阜丰面粉厂	上海市
075	福新第三面粉厂	上海市
076	茂新面粉厂	无锡市
077	张裕酿酒公司	烟台市
078	青岛啤酒厂（青岛啤酒博物馆）	青岛市
079	通化葡萄酒厂	通化市
080	和记洋行	南京市
081	顺德糖厂	佛山市
082	上海杨树浦水厂（上海自来水科技馆）	上海市
083	汉口既济水电公司宗关水厂	武汉市
084	京师自来水公司东直门水厂（北京自来水博物馆）	北京市
085	上海东区污水处理厂	上海市
086	"民国首都"水厂（南京自来水历史展览馆）	南京市
087	石龙坝水电站	昆明市
088	"民国首都"电厂（"民国首都"电厂旧址公园）	南京市
089	丰满电站	吉林市
090	水丰电站	宽甸县
091	佛子岭水库大坝	霍山县
092	三门峡水利枢纽	三门峡市
093	中国海军中央无线电台（491电台）	北京市
094	国民政府中央广播电台	南京市

续表

序号	名称	所在省市（县）
095	北京印钞厂（541厂）	北京市
096	718联合厂（华北无线电联合器材厂）（798艺术区）	北京市
097	404厂（甘肃矿区）	玉门市
098	221厂（青海矿区）（原子城纪念馆）	海北藏族自治州
099	816工程（816景区）	重庆市
100	酒泉卫星发射中心	甘肃省、内蒙古自治区

附表 1-2　中国工业遗产保护名录（第二批）

序号	名称	所在省市（县）
001	董家渡船坞	上海市
002	上海船厂	上海市
003	大连造船厂	大连市
004	广南船坞	广州市
005	轮船招商局	上海市、青岛市、南京市
006	青岛栈桥	青岛市
007	秦皇岛港	秦皇岛市
008	大连港	大连市
009	广州太古仓码头（白蚬壳）	广州市
010	上海浚浦局	上海市
011	大连甘井子煤码头	大连市
012	东望洋灯塔	澳门特别行政区
013	花鸟山灯塔	嵊泗县
014	鹅銮鼻灯塔	台湾省
015	老铁山灯塔	大连市
016	临高灯塔	临高县
017	横澜岛灯塔	香港特别行政区
018	硇洲灯塔	湛江市
019	外滩信号台	上海市
020	兰州黄河铁桥（中山桥）	兰州市

续表

序号	名称	所在省市（县）
021	天津解放桥	天津市
022	海珠桥	广州市
023	关内外铁路（京奉铁路）	北京市、天津市、河北省、辽宁省
024	京汉铁路	北京市、河北省、河南省、湖北省
025	粤汉铁路	广东省、湖南省、湖北省
026	正太铁路	河北省、山西省
027	陇秦豫海铁路（陇海铁路）	江苏省、安徽省、河南省、陕西省、甘肃省
028	津浦铁路	天津市、河北省、山东省、安徽省、江苏省
029	广九铁路	广东省、香港特别行政区
030	大连都市交通株式会社	大连市
031	大清邮政津局	天津市
032	大北电报公司	上海市、厦门市
033	奉天机器局（沈阳造币厂）	沈阳市
034	上海中央造币厂（国营614厂）	上海市
035	太原机器局（太原兵工厂）	太原市
036	巩县兵工厂	巩义市
037	官田中央军委兵工厂	赣州市
038	国营523厂（大连建新公司）	大连市
039	汾西机器厂	太原市
040	锡矿山矿务局	冷水江市
041	贵州汞矿	铜仁市
042	西华山钨矿	大余县
043	井陉矿务局（含井陉矿、正丰矿）	石家庄市
044	湘潭锰矿	湘潭市
045	大吉山钨矿	全南县
046	锦屏磷矿	连云港市
047	石碌铁矿	昌江黎族自治县
048	温州矾矿	苍南县
049	可可托海矿务局（111矿）	富蕴县
050	金银寨铀矿（711矿）	郴州市

续表

序号	名称	所在省市（县）
051	王石凹煤矿	铜川市
052	会理镍矿（901矿）	凉山彝族自治州
053	青海油田	海西蒙古族藏族自治州
054	西北炼钢厂（太原钢铁公司）	太原市
055	马鞍山钢铁公司	马鞍山市
056	包头钢铁公司	包头市
057	白银有色金属公司	白银市
058	攀枝花钢铁公司	攀枝花市
059	水城钢铁厂	六盘水市
060	山海关桥梁厂	秦皇岛市
061	沈阳铸造厂	沈阳市
062	太原重型机器厂	太原市
063	国营第331厂	株洲市
064	比商天津电车电灯股份有限公司	天津市
065	工部局电气处（杨树浦电厂）	上海市
066	开滦矿务局秦皇岛电厂	秦皇岛市
067	503地下战备电厂	攀枝花市
068	日月潭大观水电站	南投县
069	洞窝水电站	泸州市
070	天门河水电站	桐梓县
071	新安江水电站	建德市
072	刘家峡水电站	永靖县
073	钱塘海塘工程	杭州市、海宁市、海盐县、平湖市、上海市、原萧山市、绍兴市、余姚市、慈溪市、宁波市
074	金水闸	武汉市
075	龙引泉	大连市
076	上李水库	厦门市
077	兰州自来水公司第一水厂	兰州市
078	英商上海煤气股份有限公司杨树浦工场	上海市

续表

序号	名称	所在省市（县）
079	阿城糖厂	哈尔滨市
080	宜都茶厂	宜都市
081	老巴夺父子烟草股份公司	哈尔滨市
082	英美烟公司	上海市、天津市、武汉市、青岛市、济南市、沈阳市、潍坊市、许昌市
083	南洋兄弟烟草公司	上海市、武汉市、广州市
084	益新面粉厂	芜湖市
085	乾义面粉公司	保定市
086	上海啤酒公司	上海市
087	工部局宰牲场	上海市
088	杭州第一棉纺印染厂	杭州市
089	卫辉华新纱厂	卫辉市
090	日商上海纺绩株式会社青岛工场（青岛国棉五厂）	青岛市
091	商务印书馆	上海市、广州市
092	中国酒精厂	上海市
093	大连化学工业公司	大连市
094	天利氮气制品厂	上海市
095	永利川厂	乐山市
096	梧州松脂厂	梧州市
097	华北制药厂	石家庄市
098	青海钾肥厂（青海省察尔汗钾肥厂）	格尔木市、都兰县
099	中央（杭州）飞机制造厂	杭州市、瑞丽市
100	中意飞机制造厂	南昌市

中国科协创新战略研究院、中国城市规划学会发布。

附录 2

附表 2-1 中国 297 个地级及以上城市基本数据（2016 年）

城市名称	行政区域土地面积（平方千米）	年末总人口（万人）	六普常住人口（万人）	建成区面积（平方千米）	地区生产总值（万元）	人均地区生产总值（元）	用水普及率（%）	污水处理率（%）	人均公园绿地面积（平方米）	生活垃圾处理率（%）
北京市	16411	1363.0	1961.24	1420	256691300	118198	100.00	90.58	13.70	99.84
天津市	11917	1044.0	1293.87	1008	178853900	115053	100.00	92.08	16.01	94.16
上海市	6341	1450.0	2301.92	999	281786500	116562	100.00	94.29	7.83	100.00
重庆市	82402	3392.0	2884.62	1351	177405900	57902	97.13	96.75	16.86	99.98
河北省										
石家庄市	13056	1038.0	1016.38	278	59277293	55177	100.00	96.12	15.77	100.00
唐山市	13472	760.0	757.73	323	63548675	81239	100.00	97.60	15.28	100.00
秦皇岛市	7802	298.0	298.76	131	13493526	45280	100.00	96.60	19.22	100.00
邯郸市	12065	1055.0	917.47	172	33370903	35265	100.00	97.71	18.54	100.00
邢台市	12433	788.0	710.41	90	19757460	27038	100.00	96.36	11.57	100.00
保定市	22185	1207.0	1119.44	187	34771269	29992	96.46	90.54	10.18	96.48
张家口市	36797	470.0	434.55	100	14659911	33142	100.00	94.67	11.93	95.54
承德市	39493	383.0	347.32	117	14385741	40471	100.00	92.17	24.58	99.52
沧州市	14035	780.0	713.41	73	35446800	47425	100.00	99.91	11.00	100.00
廊坊市	6382	470.0	435.88	68	27063015	58972	100.00	93.03	13.97	100.00
衡水市	8815	455.0	434.08	76	14201825	31955	99.63	88.22	12.97	63.38
山西省										
太原市	6988	370.0	420.16	340	29556045	68234	100.00	86.89	10.83	100.00
大同市	14176	318.0	331.81	125	10257962	30046	100.00	85.59	11.26	99.75
阳泉市	4570	133.0	136.85	56	6228625	44461	100.00	86.50	11.55	100.00
长治市	13896	339.0	333.46	59	12704767	37063	98.54	95.28	12.15	100.00
晋城市	9425	220.0	227.91	46	10493400	45271	98.98	94.99	12.08	100.00
朔州市	10625	163.0	171.49	42	9180640	52010	99.12	97.97	14.14	100.00
晋中市	16444	332.0	324.94	77	10911041	32646	100.00	96.96	17.45	100.00
运城市	14183	531.0	513.48	66	12223486	23106	98.49	91.05	14.26	100.00
忻州市	25152	308.0	306.75	37	7161357	22747	100.00	95.47	12.81	100.00
临汾市	20275	434.0	431.66	58	12051761	27102	96.62	91.38	12.10	100.00
吕梁市	21239	391.0	372.71	26	9953079	25896	97.83	94.01	13.31	100.00

续表

城市名称	行政区域土地面积（平方千米）	年末总人口（万人）	六普常住人口（万人）	建成区面积（平方千米）	地区生产总值（万元）	人均地区生产总值（元）	用水普及率（%）	污水处理率（%）	人均公园绿地面积（平方米）	生活垃圾处理率（%）
内蒙古自治区										
呼和浩特市	17453	241.0	286.66	260	31735900	103235	99.96	94.64	19.69	100.00
包头市	27768	224.0	265.04	201	38676300	136021	99.55	90.42	13.77	98.15
乌海市	1669	44.0	53.29	62	5722261	102725	100.00	96.50	20.06	98.60
赤峰市	90021	463.0	434.12	106	19332792	44936	98.60	93.78	17.37	100.00
通辽市	59329	319.0	313.92	61	19493818	62424	97.90	98.01	21.18	100.00
鄂尔多斯市	86752	159.0	194.07	117	44179341	215488	99.82	97.27	33.84	97.70
呼伦贝尔市	252777	259.0	254.93	93	16208500	64140	97.52	99.34	20.30	100.00
巴彦淖尔市	66277	175.0	166.99	51	9153800	54480	97.49	98.72	22.56	100.00
乌兰察布市	54500	274.0	214.36	60	9388700	44517	97.42	94.68	40.49	96.63
辽宁省										
沈阳市	12860	734.0	810.62	588	55464498	66893	99.91	94.92	11.52	100.00
大连市	12574	596.0	669.04	396	68101998	97470	99.76	94.73	11.02	100.00
鞍山市	9255	346.0	364.59	172	14619713	40532	100.00	86.49	11.09	100.00
抚顺市	11272	215.0	213.81	139	8650721	41741	98.62	98.21	10.71	100.00
本溪市	8411	150.0	170.95	109	7667098	44745	99.56	97.08	10.75	86.21
丹东市	14967	238.0	244.47	77	7512352	31223	100.00	87.65	11.07	100.00
锦州市	10047	302.0	312.65	112	10328139	33692	100.00	89.79	13.55	100.00
营口市	5242	233.0	242.85	189	11562477	47358	100.00	81.59	11.75	71.39
阜新市	10355	189.0	181.93	77	4078179	22956	98.94	98.18	12.93	100.00
辽阳市	4788	179.0	185.88	105	6541758	35476	100.00	99.68	10.90	100.00
盘锦市	4065	130.0	139.25	75	10071351	70110	98.58	97.21	11.56	71.70
铁岭市	12985	300.0	271.77	57	5880423	22178	99.00	99.81	11.97	100.00
朝阳市	19698	341.0	304.46	57	7165334	24285	91.65	99.09	9.82	100.00
葫芦岛市	10414	280.0	262.35	93	6473518	25347	100.00	89.99	14.72	100.00

续表

城市名称	行政区域土地面积（平方千米）	年末总人口（万人）	六普常住人口（万人）	建成区面积（平方千米）	地区生产总值（万元）	人均地区生产总值（元）	用水普及率（%）	污水处理率（%）	人均公园绿地面积（平方米）	生活垃圾处理率（%）
吉林省										
长春市	20594	753.0	767.44	519	59864200	79434	99.81	93.45	17.78	90.27
吉林市	27711	422.0	441.32	189	24535091	57818	98.57	96.14	12.05	100.00
四平市	14382	324.0	338.52	58	11938035	36732	72.21	97.34	8.41	91.10
辽源市	5140	120.0	117.62	46	7652485	63480	95.35	93.89	9.95	100.00
通化市	15612	220.0	232.44	54	9475914	42979	94.06	94.73	14.14	95.48
白山市	17505	122.0	129.61	47	6966243	56411	89.24	86.77	10.21	99.09
松原市	21089	278.0	288.01	51	16516898	59413	96.06	96.21	17.79	96.70
白城市	25759	193.0	203.24	43	7001392	35892	98.51	80.16	13.00	96.05
黑龙江省										
哈尔滨市	53100	962.0	1063.60	431	61016096	63445	100.00	92.20	9.21	91.80
齐齐哈尔市	42496	544.0	536.70	140	13253110	25690	98.99	90.93	10.06	68.32
鸡西市	22531	181.0	186.22	81	5183793	28647	98.52	74.26	10.82	87.39
鹤岗市	14679	104.0	105.87	53	2641031	25244	95.78	72.51	14.98	100.00
双鸭山市	22681	145.0	146.26	58	4373971	29959	98.95	88.37	14.44	86.25
大庆市	21219	276.0	290.45	245	26100031	94690	95.91	96.08	14.97	100.00
伊春市	32800	118.0	114.81	157	2512167	21043	86.38	86.38	23.74	57.38
佳木斯市	32704	238.0	255.21	97	8450332	36878	96.26	85.00	14.17	100.00
七台河市	6221	80.0	92.05	68	2166414	26500	98.17	60.84	12.14	98.21
牡丹江市	38827	259.0	279.87	82	13681181	49618	93.66	100.00	10.61	100.00
黑河市	69345	163.0	167.39	20	4708056	27889	96.97	92.97	13.36	100.00
绥化市	34873	543.0	541.82	45	13163122	24109	98.64	88.90	8.53	100.00
江苏省										
南京市	6587	663.0	800.37	774	105030200	127264	100.00	95.98	15.34	100.00
无锡市	4627	486.0	637.44	332	92100200	141258	100.00	97.13	14.91	100.00
徐州市	11765	1041.0	857.72	261	58085200	66845	99.81	93.60	15.74	100.00
常州市	4373	375.0	459.24	261	57738600	122721	100.00	96.34	14.45	100.00
苏州市	8657	678.0	1045.99	461	154750900	145556	100.00	95.16	14.71	100.00

续表

城市名称	行政区域土地面积（平方千米）	年末总人口（万人）	六普常住人口（万人）	建成区面积（平方千米）	地区生产总值（万元）	人均地区生产总值（元）	用水普及率（%）	污水处理率（%）	人均公园绿地面积（平方米）	生活垃圾处理率（%）
南通市	10549	767.0	728.36	216	67682000	92702	100.00	94.11	18.47	100.00
连云港市	7615	534.0	439.35	213	23764800	52987	100.00	87.16	14.66	100.00
淮安市	10030	568.0	480.17	179	30480000	62446	100.00	93.20	14.01	100.00
盐城市	16931	831.0	726.22	147	45760800	63278	100.00	90.50	12.75	100.00
扬州市	6591	462.0	446.01	149	44493800	99151	100.00	94.42	18.58	100.00
镇江市	3840	272.0	311.41	139	38338400	120603	100.00	94.51	18.97	100.00
泰州市	5787	508.0	461.89	115	41017800	88330	100.00	91.22	10.69	100.00
宿迁市	8524	592.0	471.92	86	23511200	48311	100.00	94.53	15.27	100.00
浙江省										
杭州市	16596	736.0	870.04	541	113137223	124286	100.00	95.07	14.42	100.00
宁波市	9816	591.0	760.57	331	86864911	110656	100.00	95.41	11.40	100.00
温州市	12083	818.0	912.21	241	51015586	55779	100.00	92.50	12.73	100.00
嘉兴市	4223	352.0	450.17	101	38621104	83968	99.27	88.32	13.36	100.00
湖州市	5820	265.0	289.35	106	22843743	77110	100.00	95.43	16.61	100.00
绍兴市	8279	445.0	491.22	204	47890304	96204	100.00	94.51	13.51	100.00
金华市	10942	481.0	536.16	98	36849362	67158	100.00	94.68	11.74	100.00
衢州市	8845	257.0	212.27	71	12515883	58281	100.00	95.76	14.52	100.00
舟山市	1456	97.0	112.13	63	12411989	107463	100.00	95.35	13.09	100.00
台州市	9411	600.0	596.88	140	38986594	64287	100.00	93.40	12.88	100.00
丽水市	17298	268.0	211.70	35	12102414	56238	100.00	95.20	11.09	100.00
安徽省										
合肥市	11445	730.0	570.25	460	62743777	80138	99.25	99.71	13.50	100.00
芜湖市	6026	388.0	226.31	172	26994385	73715	100.00	93.56	13.42	100.00
蚌埠市	5951	380.0	316.45	145	13858228	41855	100.00	99.51	13.03	100.00
淮南市	5532	389.0	233.39	110	9638395	27990	99.93	97.47	12.60	100.00
马鞍山市	4049	229.0	136.63	95	14937617	65833	100.00	99.64	14.98	100.00
淮北市	2741	217.0	211.43	85	7990337	36427	99.15	97.97	16.72	100.00
铜陵市	2991	171.0	72.40	81	9573000	59960	100.00	93.10	17.67	100.00
安庆市	13538	529.0	531.14	90	15311776	33294	100.00	97.37	13.96	100.00

续表

城市名称	行政区域土地面积（平方千米）	年末总人口（万人）	六普常住人口（万人）	建成区面积（平方千米）	地区生产总值（万元）	人均地区生产总值（元）	用水普及率（%）	污水处理率（%）	人均公园绿地面积（平方米）	生活垃圾处理率（%）
黄山市	9678	148.0	135.90	67	5768174	41905	100.00	94.54	14.88	100.00
滁州市	13516	454.0	393.79	85	14228257	35301	100.00	96.71	14.48	100.00
阜阳市	10118	1062.0	759.99	124	14018589	17642	95.55	94.09	13.95	100.00
宿州市	9939	654.0	535.29	79	13518116	24270	98.87	98.05	13.41	100.00
六安市	15451	587.0	561.17	77	11081469	23298	99.67	98.42	14.84	100.00
亳州市	8521	647.0	485.07	62	10461044	20611	98.83	94.09	13.39	100.00
池州市	8399	162.0	140.25	37	5890196	40919	99.51	93.90	17.08	100.00
宣城市	12313	280.0	253.29	55	10578243	40740	99.50	93.94	14.10	100.00
福建省										
福州市	12675	687.0	711.54	265	61976395	82251	99.99	93.21	14.07	99.00
厦门市	1699	221.0	353.13	335	37842662	97282	99.81	93.63	11.47	97.75
莆田市	4131	350.0	277.85	90	18234281	63313	99.54	85.00	12.70	99.15
三明市	23095	287.0	250.34	39	18608197	73261	99.86	87.01	14.76	98.60
泉州市	11015	730.0	812.85	231	66466294	77784	99.11	95.00	14.20	98.68
漳州市	12554	508.0	481.00	67	31253456	62196	100.00	90.84	14.64	99.70
南平市	26280	321.0	264.55	41	14577378	55009	100.00	86.90	13.11	95.28
龙岩市	19063	314.0	255.95	62	18956670	72354	99.28	89.75	12.51	99.67
宁德市	13247	352.0	282.20	32	16231142	56358	99.22	87.49	15.64	96.49
江西省										
南昌市	7402	523.0	504.26	317	43549927	81598	98.88	93.50	11.81	99.99
景德镇市	5261	169.0	158.75	79	8401484	50989	98.02	68.16	17.18	100.00
萍乡市	3831	200.0	185.45	52	9982752	52330	100.00	90.13	10.62	100.00
九江市	19798	520.0	472.88	107	20961347	43338	99.30	99.47	17.81	100.00
新余市	3178	124.0	113.89	78	10361912	88548	100.00	97.06	18.00	100.00
鹰潭市	3560	128.0	112.52	39	6953489	60136	96.11	97.66	15.29	100.00
赣州市	39363	971.0	836.84	142	22071959	25761	98.38	85.29	11.45	100.00
吉安市	25373	535.0	481.03	56	14613721	29772	94.70	91.98	17.09	100.00
宜春市	18669	602.0	541.96	70	17819520	32269	96.97	94.61	15.27	100.00
抚州市	18799	401.0	391.23	60	12109070	30259	99.45	93.00	14.69	100.00

续表

城市名称	行政区域土地面积（平方千米）	年末总人口（万人）	六普常住人口（万人）	建成区面积（平方千米）	地区生产总值（万元）	人均地区生产总值（元）	用水普及率（%）	污水处理率（%）	人均公园绿地面积（平方米）	生活垃圾处理率（%）
上饶市	22791	782.0	657.97	78	18177664	26996	99.76	78.75	15.49	100.00
山东省										
济南市	7998	633.0	681.40	448	65361165	90999	100.00	97.21	11.31	100.00
青岛市	11282	791.0	871.51	599	100112900	109407	100.00	96.08	18.55	100.00
淄博市	5965	432.0	453.06	271	44120100	94587	100.00	96.40	18.74	100.00
枣庄市	4564	413.0	372.91	151	21426335	54984	99.44	95.95	14.98	100.00
东营市	8243	193.0	203.53	151	34796000	164024	100.00	95.89	22.48	100.00
烟台市	13852	655.0	696.82	330	69256587	98388	97.75	95.84	20.68	100.00
潍坊市	16143	901.0	908.62	179	51706000	59275	100.00	95.29	18.07	100.00
济宁市	11311	876.0	808.19	199	43018200	51662	100.00	96.10	14.73	100.00
泰安市	7762	569.0	549.42	155	33167900	59027	100.00	96.65	22.77	100.00
威海市	5798	256.0	280.48	193	32122000	114220	100.00	96.08	26.09	100.00
日照市	5359	300.0	280.10	104	18024900	62357	100.00	95.85	21.23	100.00
莱芜市	2246	129.0	129.85	120	7027600	51533	100.00	94.18	22.59	100.00
临沂市	17191	1141.0	1003.94	208	40267500	38803	100.00	95.35	19.47	100.00
德州市	10358	593.0	556.82	154	29329900	50856	100.00	96.71	24.80	100.00
聊城市	8984	633.0	578.99	101	28591800	47624	99.42	95.19	12.96	100.00
滨州市	9660	392.0	374.85	156	24701013	63745	100.00	95.02	19.53	100.00
菏泽市	12256	1015.0	828.77	125	25602400	29904	99.34	96.52	11.21	100.00
河南省										
郑州市	7446	827.0	862.71	457	81139666	84114	100.00	99.82	8.43	100.00
开封市	6444	559.0	467.65	129	17551002	38619	93.33	93.50	9.30	100.00
洛阳市	15236	737.0	654.99	216	38201075	56410	98.51	99.94	10.46	95.42
平顶山市	7882	568.0	490.47	73	18251414	36708	97.90	99.94	10.32	100.00
安阳市	7384	626.0	517.32	82	20298494	39603	100.00	97.73	11.03	100.00
鹤壁市	2182	170.0	156.92	64	7717894	47940	96.65	92.48	14.57	100.00
新乡市	8666	646.0	570.82	118	21669705	37805	99.22	92.00	11.00	100.00
焦作市	4071	374.0	354.01	113	20950796	59183	99.20	95.00	13.20	97.50
濮阳市	4188	433.0	359.87	59	14495555	40059	98.18	93.10	14.32	99.80

续表

城市名称	行政区域土地面积（平方千米）	年末总人口（万人）	六普常住人口（万人）	建成区面积（平方千米）	地区生产总值（万元）	人均地区生产总值（元）	用水普及率（%）	污水处理率（%）	人均公园绿地面积（平方米）	生活垃圾处理率（%）
许昌市	4997	510.0	430.75	108	23777133	54522	98.16	90.53	12.84	100.00
漯河市	2617	269.0	254.43	67	10819257	41138	88.08	97.59	14.88	100.00
三门峡市	10496	229.0	223.40	49	13258631	58894	93.61	95.80	12.04	96.74
南阳市	26509	1195.0	1026.37	150	31149653	31010	73.81	98.88	8.04	96.52
商丘市	12725	977.0	736.30	63	19891538	27332	67.10	78.79	7.33	100.00
信阳市	18787	908.0	610.91	94	20378010	31733	98.14	90.07	14.14	100.00
周口市	11961	1259.0	895.38	70	22638615	25682	100.00	93.22	13.56	99.32
驻马店市	15087	949.0	723.12	80	19729881	28305	93.69	96.66	11.22	95.46
湖北省										
武汉市	8569	834.0	978.54	458	119126100	111469	100.00	97.41	10.39	100.00
黄石市	4583	270.0	242.93	79	13055500	53033	100.00	92.69	11.85	100.00
十堰市	23680	348.0	334.08	107	14291500	42083	96.91	98.77	11.08	100.00
宜昌市	21230	394.0	405.97	167	37093600	89978	100.00	93.69	14.59	100.00
襄阳市	19728	594.0	550.03	190	36945100	65663	100.00	93.00	12.43	100.00
鄂州市	1594	111.0	104.87	64	7978200	74983	100.00	92.52	14.93	100.00
荆门市	12404	300.0	287.37	63	15210000	52470	100.00	96.14	11.83	100.00
孝感市	8910	523.0	481.45	79	15766900	32236	100.00	95.90	9.60	100.00
荆州市	14243	646.0	569.17	86	17267500	30305	99.81	92.01	10.45	100.00
黄冈市	17457	747.0	616.21	53	17261700	27373	100.00	97.80	13.90	99.15
咸宁市	9861	304.0	246.26	66	11079300	44027	98.32	94.71	14.45	51.43
随州市	9636	252.0	216.22	71	8521800	38801	94.27	97.92	9.49	95.79
湖南省										
长沙市	11816	696.0	704.10	375	93569088	124122	99.85	96.93	10.75	100.00
株洲市	11307	404.0	385.71	142	24884543	62081	100.00	98.02	12.67	100.00
湘潭市	5008	290.0	275.22	80	18667869	65946	96.12	95.00	9.34	100.00
衡阳市	15303	799.0	714.83	159	28530158	39020	99.82	92.80	10.17	100.00
邵阳市	20830	830.0	707.17	72	15302577	20987	95.22	88.81	12.41	98.01
岳阳市	14858	571.0	547.61	100	31008720	54832	100.00	94.56	9.45	100.00
常德市	18190	611.0	571.46	93	29538202	50543	96.34	93.98	13.63	100.00

续表

城市名称	行政区域土地面积（平方千米）	年末总人口（万人）	六普常住人口（万人）	建成区面积（平方千米）	地区生产总值（万元）	人均地区生产总值（元）	用水普及率（%）	污水处理率（%）	人均公园绿地面积（平方米）	生活垃圾处理率（%）
张家界市	9534	171.0	147.81	34	4930990	32300	98.03	87.12	9.22	100.00
益阳市	12320	484.0	430.79	76	14931802	33772	95.59	92.99	9.05	100.00
郴州市	19654	535.0	458.35	77	22041285	46691	99.22	93.50	12.12	100.00
永州市	22260	645.0	519.43	64	15658072	28744	98.78	90.32	11.10	100.00
怀化市	27758	523.0	474.17	64	14003368	28515	91.60	88.80	8.11	100.00
娄底市	8109	453.0	378.46	50	14001393	36058	99.16	91.27	9.55	100.00
广东省										
广州市	7434	870.0	1270.19	1249	195474420	141933	100.00	94.28	22.09	100.00
韶关市	18413	334.0	282.62	102	12183920	41388	93.75	87.12	12.52	100.00
深圳市	1997	385.0	1035.84	923	194926012	167411	100.00	97.62	16.45	100.00
珠海市	1732	115.0	156.25	141	22263708	134546	100.00	96.29	19.70	100.00
汕头市	2199	559.0	538.93	258	20809729	37390	100.00	90.32	15.19	89.83
佛山市	3798	400.0	719.74	159	86300002	115891	98.97	96.69	13.91	100.00
江门市	9509	394.0	445.07	152	24187806	53374	99.50	92.10	17.78	100.00
湛江市	13263	835.0	699.48	111	25844327	35612	93.03	91.12	13.99	100.00
茂名市	11429	799.0	581.75	128	26367435	43211	100.00	94.33	16.46	100.00
肇庆市	14891	444.0	391.65	120	20840190	51178	98.35	89.49	20.39	100.00
惠州市	11346	364.0	459.84	263	34121671	71605	98.52	97.02	17.85	100.00
梅州市	15865	551.0	423.85	58	10455668	24032	92.49	96.58	17.00	100.00
汕尾市	4865	362.0	293.55	22	8284882	27351	97.81	91.21	14.08	93.75
河源市	15654	373.0	295.02	38	8987162	29205	100.00	92.52	12.61	100.00
阳江市	7956	296.0	242.17	64	12707564	50431	100.00	87.90	12.57	100.00
清远市	19036	432.0	369.84	86	13877104	36136	79.98	81.45	10.00	80.60
东莞市	2460	201.0	822.02	957	68276868	82682	100.00	93.49	22.99	100.00
中山市	1784	161.0	312.13	149	32027780	99471	100.00	96.30	18.41	100.00
潮州市	3146	274.0	266.95	78	9768303	36956	84.89	80.96	9.70	100.00
揭阳市	5265	697.0	588.43	131	20068992	33027	86.54	78.29	12.10	96.42
云浮市	7787	301.0	236.72	29	7783051	31502	99.81	77.87	19.22	100.00

续表

城市名称	行政区域土地面积（平方千米）	年末总人口（万人）	六普常住人口（万人）	建成区面积（平方千米）	地区生产总值（万元）	人均地区生产总值（元）	用水普及率（%）	污水处理率（%）	人均公园绿地面积（平方米）	生活垃圾处理率（%）
广西壮族自治区										
南宁市	22244	752.0	665.87	310	37033300	52723	96.14	89.51	12.07	99.04
柳州市	18597	386.0	375.87	188	24769396	62855	98.36	95.10	13.46	100.00
桂林市	27667	534.0	474.80	102	20548216	41216	97.17	90.05	11.91	100.00
梧州市	12588	347.0	288.22	57	11756486	39072	96.17	90.24	11.14	100.00
北海市	3337	174.0	153.93	76	10066500	61580	97.76	97.20	10.93	100.00
防城港市	6238	97.0	86.69	41	6760383	73188	100.00	87.32	16.01	100.00
钦州市	12187	409.0	307.97	95	11020466	34160	99.92	95.88	12.75	100.00
贵港市	10602	555.0	411.88	73	9587564	22230	98.29	99.51	11.78	100.00
玉林市	12835	717.0	548.74	70	15538300	27111	100.00	99.14	10.23	100.00
百色市	36202	417.0	346.68	49	11143094	30881	100.00	87.05	12.15	100.00
贺州市	11753	243.0	195.41	66	5181900	25499	99.00	89.16	8.54	100.00
河池市	33476	429.0	336.93	24	6571808	18842	100.00	93.57	10.30	100.00
来宾市	13411	269.0	209.97	43	5891105	26885	99.93	87.37	10.33	100.00
崇左市	17332	251.0	199.43	30	7662005	37161	94.87	34.20	12.92	62.98
海南省										
海口市	2304	167.0	204.62	147	12576653	56315	98.46	94.99	12.10	100.00
三亚市	1921	58.0	68.54	56	4755567	63273	97.82	68.02	13.02	100.00
三沙市	13	0.0		0.32			65.00	31.43	3.25	100.00
儋州市	3400	95.0	93.24	35	2577835	28770	99.77	93.94	13.71	100.00
四川省										
成都市	14335	1399.0	1404.76	837	121702335	76960	94.95	94.30	14.23	100.00
自贡市	4381	327.0	267.89	116	12345637	44481	77.10	94.82	10.18	100.00
攀枝花市	7401	111.0	121.41	76	10146839	82221	83.56	93.26	11.01	100.00
泸州市	12236	508.0	421.84	136	14819105	34497	95.43	92.00	10.54	100.00
德阳市	5911	392.0	361.58	75	17524542	49835	93.65	92.01	10.70	98.14
绵阳市	20248	545.0	461.39	139	18304207	38202	93.65	92.67	11.52	100.00
广元市	16319	305.0	248.41	60	6600100	25072	98.16	98.69	11.87	97.13

续表

城市名称	行政区域土地面积（平方千米）	年末总人口（万人）	六普常住人口（万人）	建成区面积（平方千米）	地区生产总值（万元）	人均地区生产总值（元）	用水普及率（%）	污水处理率（%）	人均公园绿地面积（平方米）	生活垃圾处理率（%）
遂宁市	5322	378.0	325.26	79	10084521	30615	99.14	99.11	10.23	100.00
内江市	5385	420.0	370.28	76	12976712	34667	93.37	90.02	10.63	100.00
乐山市	12723	355.0	323.58	76	14065848	43110	97.10	87.77	7.33	99.53
南充市	12477	741.0	627.86	120	16514004	25871	98.33	88.00	12.34	100.00
眉山市	7140	350.0	295.05	64	11172317	37227	96.95	85.53	12.17	100.00
宜宾市	13271	556.0	447.19	94	16530529	36735	80.98	87.79	9.93	100.00
广安市	6339	467.0	320.55	58	10786241	33130	95.60	96.11	21.82	100.00
达州市	16588	684.0	546.81	108	14470836	25921	95.39	46.23	18.69	95.53
雅安市	15046	155.0	150.73	34	5453272	35335	99.51	86.20	10.89	98.34
巴中市	12293	375.0	328.31	48	5446605	16415	85.59	87.23	12.08	98.00
资阳市	5748	355.0	366.51	49	9434411	37308	99.70	88.67	15.16	100.00
贵州省										
贵阳市	8043	401.0	432.26	249	31577001	67772	98.83	97.56	16.18	96.00
六盘水市	9914	340.0	285.13	73	13137000	45325	90.92	72.36	11.11	95.00
遵义市	30762	802.0	612.71	120	24039400	38709	94.30	97.13	17.41	95.26
安顺市	9267	300.0	229.76	68	7013500	30216	99.38	93.42	20.43	95.14
毕节市	26849	917.0	653.75	55	16257900	24544	97.74	98.65	21.85	95.00
铜仁市	18003	441.0	309.32	48	8569700	27366	92.43	86.37	8.33	92.00
云南省										
昆明市	21026	560.0	643.22	436	43000780	64156	98.58	94.07	11.06	96.98
曲靖市	28905	653.0	585.51	76	17751063	29266	99.53	92.22	8.93	99.96
玉溪市	15233	217.0	230.35	38	13118823	55389	93.31	93.23	11.18	100.00
保山市	19637	261.0	250.65	37	6133904	23692	82.64	85.71	10.07	90.08
昭通市	22140	609.0	521.35	42	7655307	14040	97.13	81.02	8.02	100.00
丽江市	20680	122.0	124.48	24	3092899	24116	98.24	94.13	24.91	93.06
普洱市	45385	251.0	254.29	27	5675443	21685	92.59	90.13	10.54	98.03
临沧市	23620	237.0	242.95	22	5508172	21906	93.50	92.04	11.91	80.00
西藏自治区										
拉萨市	29518	54.0	55.94	72	4249500	64804	58.46	89.50	4.70	91.85
日喀则市	182000	78.0	70.33	29	1877546	23838	96.56	84.82	33.25	87.83

续表

城市名称	行政区域土地面积（平方千米）	年末总人口（万人）	六普常住人口（万人）	建成区面积（平方千米）	地区生产总值（万元）	人均地区生产总值（元）	用水普及率（%）	污水处理率（%）	人均公园绿地面积（平方米）	生活垃圾处理率（%）
昌都市	110154	74.0	65.75	7			92.59	53.32	3.33	90.50
林芝市	116175	19.0	19.51	13			100.00	91.82	9.29	91.19
山南市	79699	35.0	32.90	15	1265300	35038	77.78	93.37	14.02	91.06
陕西省										
西安市	10106	825.0	846.78	517	62571800	71357	100.00	92.40	11.87	99.70
铜川市	3882	84.0	83.44	40	3116070	36803	92.94	91.45	11.84	90.44
宝鸡市	18117	384.0	371.67	90	19321400	51262	91.73	91.16	12.34	99.70
咸阳市	10189	530.0	509.60	92	23909700	48016	92.72	92.02	15.37	96.90
渭南市	13134	557.0	528.61	75	14886210	27743	98.62	88.96	12.77	95.00
延安市	37037	237.0	218.70	36	10829110	48300	84.94	90.78	10.65	96.50
汉中市	27246	384.0	341.62	42	11564920	33597	81.45	91.72	13.37	98.50
榆林市	42923	382.0	335.14	64	27730540	81764	86.66	89.76	12.37	93.27
安康市	23536	304.0	262.99	45	8428616	31770	95.18	90.26	13.29	99.70
商洛市	19292	253.0	234.17	26	6992980	29574	99.75	81.64	7.06	96.18
甘肃省										
兰州市	13086	324.0	361.62	247	22642318	61207	97.02	95.44	12.71	100.00
嘉峪关市	2935	21.0	23.19	70	1534089	62641	100.00	91.19	36.96	100.00
金昌市	8896	46.0	46.41	43	2078152	44202	100.00	95.17	22.86	100.00
白银市	21158	182.0	170.88	63	4422085	25813	100.00	94.09	9.51	95.55
天水市	14277	371.0	326.25	56	5905136	17800	96.77	95.71	9.89	100.00
武威市	33238	191.0	181.51	32	4617272	25396	97.32	99.71	14.96	99.50
张掖市	41924	131.0	119.95	64	3999436	32729	100.00	90.61	45.17	100.00
平凉市	11170	234.0	206.80	36	3673000	17486	99.73	90.50	8.35	100.00
酒泉市	193974	112.0	109.59	55	5779341	51721	100.00	91.56	11.45	100.00
庆阳市	27119	270.0	221.12	25	5978324	26734	100.00	91.53	7.48	97.40
定西市	19609	303.0	269.86	25	3310768	11892	98.36	91.12	16.56	100.00
陇南市	27839	288.0	256.77	14	3398884	13805	95.04	74.74	5.71	100.00
青海省										
西宁市	7660	203.0	220.87	92	12481677	53756	99.99	74.05	12.21	95.36

续表

城市名称	行政区域土地面积（平方千米）	年末总人口（万人）	六普常住人口（万人）	建成区面积（平方千米）	地区生产总值（万元）	人均地区生产总值（元）	用水普及率（%）	污水处理率（%）	人均公园绿地面积（平方米）	生活垃圾处理率（%）
海东市	13161	171.0	139.68	34	4227986	28999	99.49	78.05	5.78	98.50
宁夏回族自治区										
银川市	9025	184.0	199.31	171	16177071	74288	92.22	95.21	16.64	97.00
石嘴山市	5310	75.0	72.55	103	5135744	64880	99.79	95.72	23.27	97.72
吴忠市	16758	142.0	127.38	54	4424283	32039	95.45	90.61	20.55	100.00
固原市	13047	150.0	122.82	35	2398058	19720	100.00	90.14	10.06	100.00
中卫市	17448	121.0	108.08	54	3391289	29549	90.58	96.25	26.13	100.00
新疆维吾尔自治区										
乌鲁木齐市	13788	268.0	311.26	436	24589766	69865	99.96	90.38	11.35	96.34
克拉玛依市	7735	30.0	39.10	75	6209989	137307	100.00	95.32	11.62	99.08
吐鲁番市	70049	63.0	62.29	19	2251000	35891	100.00	95.00	17.60	100.00
哈密市	138919	56.0	57.24	41	4036800	65298	99.95	86.13	13.26	100.00

注：本表数据统计不包括我国香港、澳门、台湾地区。

关于中国 297 个地级及以上城市基本数据（2016 年）的说明

一、数据来源（Data Resources）

1. 行政级别（Administrative level）
2. 行政区域土地面积（Total land area of city's administrative region）
3. 年末总人口（Total population at year-end）
4. 建成区面积（Area of built-up district）
5. 地区生产总值（Gross regional product）
6. 城市人均地区生产总值（Per capita gross regional product）

以上数据来源：国家统计局城市社会经济调查司 编，《中国城市统计年鉴—2017》，北京：中国统计出版社，2017.12。

7. 污水处理率（Wastewater treatment rate）
8. 生活垃圾处理率（Domestic garbage treatment rate）
9. 供水普及率（Water coverage rate）
10. 人均公园绿地面积（Per capita public green space）

以上数据来源：中华人民共和国住房和城乡建设部网站，《2016 年城市建设统计年鉴》，http://www.mohurd.gov.cn/xytj/tjzljsxytjgb/jstjnj/w02018010521542516551482530.xls。

二、指标解释（Data Illumination）

1. 截至 2016 年末，全国 657 个城市分为：4 个直辖市，15 个副省级城市，278 个地级市，360 个县级市。

——《中国城市统计年鉴—2017》第 3 页

2. 行政区域土地面积：指辖区内的全部陆地面积和水域面积。

《中国城市统计年鉴—2017》第 397 页

3. 年末总人口：是指本市每年 12 月 31 日 24 时的户籍登记情况统计的人口数。

——《中国城市统计年鉴—2017》第 397 页

4. 六普常住人口：以 2010 年 11 月 1 日零时为标准时点进行的第六次全国人口普查中的常住人口，包括居住在本乡镇街道、户口在本乡镇街道或户口待定的人；居住在本乡镇街道、离开户口登记地所在的乡镇街道半年以上的人；户口在本乡镇街道、外出不满半年或在境外工作学习的人。不包括常住在省内的境外人员。

——《第六次全国人口普查数据公报》

5. 建成区面积：指城市行政区内实际已成片开发建设、市政公用设施和公共设施基本具备的区域。

——《中国城市统计年鉴—2017》第 397 页

6. 地区生产总值：指按市场价格计算的一个地区所有常住单位在一定时期内生产活动的最终成果。

——《中国城市统计年鉴—2017》第 398 页

7. 用水普及率：指报告期末城区内用水人口与总人口的比率。计算公式：

用水普及率 = 城区用水人口（含暂住人口）/（城区人口 + 城区暂住人口）× 100%

——《城市（县城）和村镇建设统计报表》（国统制 [2015]113 号）

8. 污水处理率：指报告期内污水处理总量与污水排放总量的比率。计算公式：

污水处理率 = 污水处理总量 / 污水排放总量 × 100%

——《城市（县城）和村镇建设统计报表》（国统制 [2015]113 号）

9. 人均公园绿地面积：指报告期末城区内平均每人拥有的公园绿地面积。计算公式：

人均公园绿地面积 = 城区公园绿地面积 /（城区人口 + 城区暂住人口）

——《城市（县城）和村镇建设统计报表》（国统制 [2015]113 号）

10. 生活垃圾处理率：指报告期内生活垃圾处理量与生活垃圾产生量的比率。计算公式：

生活垃圾处理率 = 生活垃圾处理量 / 生活垃圾产生量 × 100%

——《城市（县城）和村镇建设统计报表》（国统制 [2015]113 号）

注：

1.《中国城市统计年鉴—2017》未统计以下城市的行政区域土地面积：西藏自治区昌都市、林芝市和山南市，新疆维吾尔自治区吐鲁番市和哈密市。在本次"2016 年中国城市基本数据"的统计工作中，上述数据取自中华人民共和国民政部全国行政区划信息查询平台。

2.《中国城市统计年鉴—2017》未统计以下城市的建成区面积：山西省太原市，辽宁省沈阳市和丹东市，广东省河源市和潮州市，海南省三沙市和儋州市，西藏自治区日喀则市、昌都市、林芝市和山南市，青海省海东市，新疆维吾尔自治区吐鲁番市和哈密市。在本次"2016 年中国城市基本数据"的统计工作中，上述数据取自《2016 年城市建设统计年鉴》。

3.《中国城市统计年鉴—2017》未统计以下城市的地区生产总值和人均地区生产总值：海南省三沙市，西藏自治区昌都市、林芝市和山南市，新疆维吾尔自治区吐鲁番市和哈密市。在本次"2016 年中国城市基本数据"的统计工作中，西藏自治区山南市数据取自《山南市 2016 年国民经济和社会发展统计公报》，新疆维吾尔自治区吐鲁番市数据取自《吐鲁番市 2016 年国民经济和社会发展统计公报》，哈密市数据取自《哈密市 2016 年国民经济和社会发展统计公报》。

4.《中国城市统计年鉴—2017》统计的河北省秦皇岛市 2016 年全市人均地区生产总值（73755 元）高于该市当年市辖区人均地区生产总值（56805 元），并显著高于该市 2015 年全市人均地区生产总值（40746 元），存在统计错误。在本次"2016 年中国城市基本数据"的统计工作中，秦皇岛市人均地区生产总值根据地区生产总值除以年末总人口得到（45280 元）。

（数据收集整理：毛其智，清华大学教授）

执笔人

第一章
尹 稚	中国城市规划学会副理事长,清华大学中国新型城镇化研究院执行副院长、教授
卢庆强	北京清华同衡规划设计研究院副总规划师、总体规划研究中心主任、高工
扈 茗	北京清华同衡规划设计研究院城市规划师
龙茂乾	北京清华同衡规划设计研究院城市规划师
杨改慧	北京清华同衡规划设计研究院城市规划师
刘婷婷	北京清华同衡规划设计研究院城市规划师

第二章
林 坚	北京大学城市与环境学院城市与区域规划系主任、教授
刘诗毅	北京大学城市与环境学院博士后
叶子君	北京大学城市与环境学院博士研究生
武 婷	北京大学城市与环境学院硕士研究生

第三章
邵益生	国际欧亚科学院院士,中国城市规划设计研究院研究员
张志果	中国城市规划设计研究院水务院副院长、副研究员
马 林	中国城市规划设计研究院副主任、教授级高工
周长青	中国城市规划设计研究院水务院水务所所长、研究员
白 静	中规院(北京)规划设计公司副研究员
安玉敏	中国城市规划设计研究院助理工程师

第四章
张 泉	中国城市规划学会副理事长、研究员级高工
叶兴平	江苏省城镇化和城乡规划研究中心副总工程师、研究员级高工
陈国伟	江苏省城镇化和城乡规划研究中心高工
万 震	江苏省城镇化和城乡规划研究中心助理工程师
李林阳	江苏省城镇化和城乡规划研究中心助理工程师

第五章

施卫良	中国城市规划学会副理事长，北京市城市规划设计研究院院长、教授级高工
石晓冬	北京市城市规划设计研究院院长、教授级高工
廖正昕	北京市城市规划设计研究院城市设计所副所长、教授级高工
叶　楠	北京市城市规划设计研究院城市设计所副所长、教授级高工
郭　靖	北京市城市规划设计研究院高工
辛　萍	北京市城市规划设计研究院规划师

第六章

张尚武	中国城市规划学会理事、乡村规划与建设学委会主任委员，同济大学建筑与城市规划学院副院长、教授
奚　慧	上海同济城市规划设计研究院有限公司乡村规划与建设研究中心主任研究员、高工
张　立	中国城市规划学会小城镇规划学委会秘书长，同济大学建筑与城市规划学院副教授
杨　犇	上海同济城市规划设计研究院有限公司乡村规划与建设研究中心研究员
邹海燕	上海同济城市规划设计研究院有限公司乡村规划与建设研究中心研究员